裏日本に燦然と輝く
古代文化交流

Masahide Ishizuka
石塚正英

ヌース教養双書

裏日本に燦然と輝く古代文化交流
はしがき

　本書は、私の生地にして民俗フィールドワークのホームである新潟県上越地方での古代文化交流に関する調査を基に執筆されている。新潟県は、京都に近い地域から順に「上越」「中越」「下越」それに「佐渡」と区分してきた。そのうちの「上越」（上越後と記して「かみえちご」と読む）を、昔は「くびき」と称し、「頸城」あるいは「久足」「久比岐」という漢字をあてがっていた。

　その頸城野には、おおまかに概観して、関川水系と姫川水系に即した街道が古代文化伝達の動脈となっていた。その点を充分に考慮した論文として、平野団三「古代中世上越後（頸城）の交通路」（『頸城文化』第24号、1964年）がある。

「信越の交通路として姫川筋と関川沿道が用いられたことは、既に知られている。越後国府（直江津）より信濃国府への支道が、奈良朝には確実に成立していたであろう。これが後世の信濃街道、中山街道、江戸期の北国街道である」（☆01）。

　くびき古代の交通路を考える場合、今ひとつ、海の道を忘れてはならないだろう。『日本古代の神話と歴史』（吉川弘文館、1992年）の著者米沢康は次のように述べている。「私は、八千矛神と高志国の沼河比売との神婚伝承にも、海の問題を考えないわけにいかない。とくに、北陸道の神済の存在に着目すると、〔高志国の沼河比売〕といわれるその背景には、この神済における渡海祭儀の実修が、大きな役割を担っていたのではないかと推考される」（☆02）。ここに出てくる「神済」とは、北陸道の越中と越後の境界の河ないし沿岸海域を指している。沼河比売神婚神話は出雲から能登を経て佐渡に伝わり、佐渡からさらにその東方海域に「浮かぶ」とみなされた「高志」ないし「古志」に汀線文化（汀伝いにすすむ航路）とし

はしがき　　3

て伝えられたと仮定すれば、沼河比売をことさら越後国頸城郡の奴奈川神社や沼川郷に結びつけなくともよいことになるだろう。

くびき野には、裏日本の北陸（若狭、越前、加賀、能登、越中、越後）を結ぶ北陸道（加賀街道）と、信濃追分で中山道から分岐し信越（小諸、上田、長野、高田、直江津）を結ぶ北国街道が交差している。近隣にはそのほか、上州高崎で中山道から分岐し三国峠を越えて出雲崎に至る三国街道、糸魚川から姫川沿いに信濃へと通じる姫川街道などが走っている。信越国境にはそのほか関田峠を越える関田街道、富倉峠を越える飯山街道（富倉街道）、北国街道の高田と三国街道の塩沢宿を結ぶ松之山街道、野尻湖に源を発して関川に沿う関川街道、現在は信越トレイルのコースに関係する梨平峠、牧峠、深坂峠など多くの街道・峠道が開かれた。上杉謙信の時代には軍用道路として機能し、江戸期には塩の道などの経済動脈として機能した。

ただし、本書は道路・陸路をテーマとするわけではない。縄文時代の昔にあってすでに、遠く朝鮮半島から日本海を越えて能登半島や佐渡ヶ島を経由して越後の沿岸に辿り着き、さらには信濃川や関川、姫川の河口から信濃・上毛野方面へと移住していった人々、いわゆる渡来系の諸衆（中小部族民）庶衆（下層民）が存在していた。私はとくに、紀元5〜6世紀までに汀線航路・曳舟航路（舟を奥地へと曳航する航路）を介して上記方面へやって来た高句麗・百済・新羅の三国時代、とくに高句麗系の移住民に関心が集中している。その上で、かような人々の足跡をたどってみることを本書のテーマとするのである。なお、半島からの無数無名の移住民は、ここかしこに足跡を残している。それらを手がかりに、本テーマに関して私なりの説明を加えてみようと思いたったのである。

私がなぜかようなテーマに関心を寄せたか、簡単に説明しよう。それは、古墳時代（3-6世紀）以降の歴史が畿内ヤマト政権の地方征服・一元支配から始まるように説かれることへの反発心である。また、環日本海の古代交流は国家間で執り行われるように語られることへの反発心である。それを否定するわけではないが、裏日本沿岸には国家形成以前、紀元前の昔か

ら〔もう一つの交流史〕があったことに注目したいのである。使節や親書を介する国家的・冊封的な交流に対して、生活の必要性から起こされる民衆サイドの波状的行動を、私は〔諸衆庶衆の交流〕と命名している。むろん、一つの私的試論・問題提起であって、各方面から批判されてしかるべき性質のものである。

注
01 平野団三「古代中世上越後（頸城）の交通路」、『頸城文化』第 24 号、1967年、57 頁。以下の文献に再録：平野団三著・石塚正英編『頸城古仏の探究』東京電機大学石塚正英研究室、2000 年、64 頁。
02 米沢康『日本古代の神話と歴史』吉川弘文館、1992 年、21 頁。

〔付記〕本書は、幾つかの論考を編集したアンソロジーである。よって、重要な議論や事例は複数ヶ所に記されているが、それだけ強調したいものと理解されたい。

裏日本に燦然と輝く古代文化交流

目次

はしがき　　　　　　　　　　　　　　　　　　　　　　　3

第1章　古代交通路からうかがえる頸城文化の形成　　　　7

第2章　信濃・上野古代朝鮮文化の信濃川水系遡上という可能性　　15

第3章　先史と文明を仲介する前方後円墳の儀礼文化　　　32

第4章　信濃・上野古代朝鮮文化の関川水系遡上という可能性　　60

第5章　日本文化の幹細胞たる裏日本縄文文化　　　　　75

あとがき　　　　　　　　　　　　　　　　　　　　　101

フィールド調査60年の記録（1965~2024）　　　　103

第1章

古代交通路からうかがえる頸城文化の形成

はじめに─釜蓋・吹上（上越市南部の弥生）遺跡から推論できること

　頸城野の古代交通路は、神話の次元ではヌナカハヒメに深く関係する。社会経済や政治の次元では翡翠（ヒスイ）などの交易品に関連する。

　翡翠は、糸魚川地域（青海・朝日・小谷・白馬を含む）を産地とし、関連する交易ルートとして長者ケ原遺跡（縄文中期、糸魚川市一の宮、1954-58年調査、1971年国史跡）に工房を得ていた。また、その交易先の一つとして新井市（現妙高市）に斐太遺跡（弥生-古墳、1955-58年調査、1977年国史跡）を得ていた。ところが、その後平成10年代に入って、斐太遺跡の周辺2箇所に翡翠加工跡を含む遺跡が発見された。上越市大字稲荷字吹上の吹上遺跡（弥生中期中葉～古墳前期、2000-5年調査）と上越市大和5丁目字釜蓋の釜蓋遺跡（弥生後期中葉-古墳中期、2005-07年調査）である。これらの遺跡群は、高田平野南部の丘陵地から平野部にかけて、半径1.5km内に散在する。

　注目するべきは、やはり管玉・勾玉工房跡であろう。糸魚川地域を原産とする翡翠は、弥生時代ともなれば、未加工のまま頸城平野から南方の丘陵地帯へ運ばれ、そこで玉製品に加工されていた。

　糸魚川原産の翡翠は、縄文時代から弥生時代にかけて、北陸沿岸地帯の諸民族、頸城平野から妙高山麓の諸民族、そして信州方面在住の諸民族の政治経済を活発化させる要石となっていた。その際、翡翠は金（キン）のような貨幣的・蓄財的価値のみをもって交易の対象とされたのではない。翡翠は玉（ギョク）であるから、むしろ規範的・儀礼的意義をもって交流されたのである。先史の精神はギョクに象徴されるのであって、キンで品定めされるものではなかったのである。

　さて、頸城平野の奥地、妙高山麓に関山神社がある。この神社（神域）は別名を新羅神社と称し、能登から佐渡にかけての汀線文化を頸城野に吸い上げ、それをさらに奥地の信州（科野）・上野・甲斐へと伝える中継地

をなしていた。吹上遺跡に中部高地の栗林式土器が出土している点からみても、奥地の人々は確実にこの聖域＝妙高山を経由して文化的先進地域である頸城野に進出していたことがわかる。それは頸城平野を貫通する関川水系の道筋であり、のちには北国街道となって中世・近世史に登場してくるルートであった。

　ところで、高志（頸城）と信州とをむすぶルートには、のちの北国街道とは別のルートが幾つかあった。その一つに、糸魚川方面から妙高山およびその南方の黒姫山に挟まれた谷筋を経由して野尻湖畔までを結ぶ往還ルートである。これは旧石器時代から開拓されていたと思われる。

　野尻湖畔一帯には先史時代の遺跡が散在する。約3万年前以降の後期旧石器時代を中心に縄文時代草創期までの遺跡が多い。同遺跡群は、野尻湖ナウマンゾウ博物館、長野県立歴史館などの調査研究によって日本における旧石器文化のまとまった事例を提供することとなり、学界への貢献は甚大となった。また、出土品の一つ約2万年前のナイフ形石器については、関東の茂呂型、東北の杉久保型、近畿・瀬戸内の国府型など日本列島各地のものが混在しており、先史時代にあって、野尻湖周辺を中継地にして日本列島諸地域間の交易が継続されていたことが推測できる。そのような古代交通路について、次に上越郷土研究会会誌『頸城文化』所載の諸論考に学んでみたい。

1. 『頸城文化』所載論考から浮かび上がる古代交通路

　このテーマにまつわる論考の最初は『頸城文化』第3号（1953年）に掲載された清水泰次「板倉村上中古史の研究―その特質について―」である。

　　〔引用1〕地図をひらいてながめれば、越の海は、遥かに、西の国々に連なつている。舟による行き来も陸路の交通に劣らぬものがある。頸城の陸路をたどれば、京方面からの勢力は、海岸に沿うて、北陸道を経て来るか、さもなくば信濃路をとつて来る。岸に沿う北陸道は一本道で、この一本道以外に、道はない。信濃路は、中頸城についてだけでも、東から数えて、関田峠、富倉峠もあるわけだが、関川から善光寺に通ずるのが、大通りとなつている。

8

〔引用 2〕信州の野尻湖に源を発する関川が、信越国境を貫いて、真一文字に流れ下り、北を指して、海にそそぐ。この流れ一本で、関田峠や富倉峠は、関川街道と、太刀打ちができないのだ。（引用者による中略）板倉村が、国境越えの大街道から、遠のけられるのも、けだしやむを得ない（☆ 01）。

　清水は、古代の板倉は幹線交通路からはずれていたとしている。関川水系に沿った道こそ動脈だったとするのである。そうであるならば、頸城地方の古代交通路を見極めるに際して、関川に匹敵する河川を近隣に探してみるのがよいであろう。それは糸魚川地方の姫川である。『頸城文化』第 4 号（1953 年）に掲載された青木重孝論文「姫川街道とその周邊」には次のように記されている。

　　〔引用 1〕古くから、おそらく古代から、この交通路は、何らかの形で存在したであろうが、その名称は、二科（にしな）街道、小谷（おたり）街道、糸魚川街道、松本街道などと、時と所とによつて、異なる呼び方がなされた。
　　〔引用 2〕交通路はいうまでもなく、交通路だけの問題ではない。人と物資との交流を、その主たる機能とするとともに、もろもろの問題が付属してくる。たとえば、街道にそう村々の経済文化に関係するところが、きわめて大きいのである（☆ 02）。

　青木によれば、古代の姫川街道で運ばれた物資に黒曜石や翡翠があり、信仰民俗では沼河比売伝説が伝えられ、「安曇族」と称される人々が往来した。頸城地方では、こうして関川水系と姫川水系に即した街道が古代文化伝達の動脈となったことになる。その点を充分に考慮した論文として、1990 年代におけるわが石造物調査の恩人である平野団三翁の「古代中世上越後（頸城）の交通路」（『頸城文化』第 24 号、1967 年）がある。

　　信越の交通路として姫川筋と関川沿道が用いられたことは、既に知られている。越後国府（直江津）より信濃国府への支道が、奈良朝には確実に成立していたであろう。これが後世の信濃街道、中山街道、江戸期の北国街道である。この街道は関川の西側、南葉山系の山麓を走り、新井小出雲も通過したであろう。ここで東山麓を走る山越街道と出合うのである。それ

第 1 章　古代交通路からうかがえる頸城文化の形成　　9

から関山、田口、柏原と信濃に入る北国街道、矢代、関山、杉野沢、戸隠に入る戸隠道、富倉街道などいろいろあるが、最も古い街道は大鹿を通って信州野尻湖にぬける山道で泉、沼辺の宿駅があったという。昭和41年（1966）8月、信濃史学会は一志博士を主班としてこの古道を踏破した。この道を越えて平野部に展開せんとする大沢古墳群との関連を重く見たからであろう。この道は白銀賢瑞氏等先覚者によって注意されていた通路である（☆03）。

2. 頸城と神済（かんのわたり）

頸城古代の交通路を考える場合、今ひとつ、海の道を忘れてはならない。さきほど引用した清水泰次の文章「地図をひらいてながめれば、越の海は、遥かに、西の国々に連なっている。舟による行き来も陸路の交通に劣らぬものがある」にあるとおりである。この問題に言及した論文として橋本芳雄「越中と越後との交渉史小考」（『頸城文化』第30号、1971年）がある。

> 古代北陸道交通史において重要な問題は「神済（カンノワタリ）」である。（引用者による中略）北陸道の神済は、東海道の足柄坂、東山道の碓氷峠に比肩し得る、古代北陸道の要衝であったと考えられる。（引用者による中略）「神済は古来、越中越後と佐渡との海峡を意味した」という（米沢康の―引用者）提言は先人未発の重大なる新説で（ある―引用者）（☆04）。

橋本が注目する米沢康の学説には、私も夙に関心を抱いてきた。米沢の代表的研究である『日本古代の神話と歴史』（吉川弘文館、1992年）は、以下に引用するように、それ独自で一つの有力な傾向を創っているようである。

> 私は、八千矛神と高志国の沼河比売との神婚伝承にも、海の問題を考えないわけにいかない。とくに、北陸道の神済の存在に着目すると、「高志国の沼河比売」といわれるその背景には、この神済における渡海祭儀の実修が、大きな役割を担っていたのではないかと推考される（☆05）。

ここに出てくる「神済」とは、橋本が説明しているとおり、北陸道の越中と越後の境界の河ないし沿岸海域を指している。沼河比売神婚神話は出雲から能登を経て佐渡に伝わり、佐渡からさらにその東方海域に「浮かぶ」とみなされた「高志」ないし「古志」に伝えられた汀線文化と仮定すれば、沼河比売をことさら越後国頸城郡の奴奈川神社や沼川郷に直結させなくともよいことになるであろう。その意味では、沼河比売神婚伝承に関する学説的な議論は、いまだ佳境に達していないとみるべきである。ちなみに、こうした頸城沿岸伝いに伝播する文化、いわゆる「汀線文化」については、平野団三「旧大潟汀線文化——意外に古かった頸城村」(『頸城文化』第45号、1988年) が参考となる。

　そのほか蛇足であるが、私の研究領分として、日本海を挟んで朝鮮半島と頸城との交流を証示する事例をここに紹介しておきたい。それは、私が平成年間を通じて調査してきている「頸城野の木彫狛犬たち」である。まず、私が知りえて調査した事例は以下のものである。糸魚川市能生の白山神社に1対 (年代未調査)、三和区の五十君神社に阿形1体 (鎌倉時代)、浦川原区の白山神社に1対 (鎌倉後期・低姿勢)、五智の居多神社に1対 (鎌倉時代後期・かなり風化)、十日町市松代の松苧神社に1対 (室町時代・鏡を背に)、上越市飯田の日月社に1対 (室町時代)。糸魚川市宮平の剣神社に2対 (室町時代)、安塚区の安塚神社に1対 (室町時代・茶褐色の色彩)。上越市本町1丁目の春日神社に1対 (江戸時代初期)。上越市桑取の神明神社に1対 (文政12年)。これらの狛犬のうち、鎌倉期のものはおおむね新羅系仏教文化の影響下に誕生した「シルクロード獅子型」(石塚の造語) のものと推測される。それに対して、角と宝珠を戴いた安塚神社と春日神社、桑取の神明神社のものなどは日本国内で多少なりの変化を遂げた「狛犬唐獅子型」(石塚の造語) に属している。とくに春日神社の1対は、重さといい大きさといい、これを限りに木彫が廃れ狛犬が神社の外に石造となって置かれる最終形態を示している (参道狛犬の先駆)。要するに、頸城に残存する木彫狛犬には朝鮮半島から海流に身を任せダイレクトに頸城沿岸に上陸した事例が散見されるのである (石塚の仮説)。

3．信濃・上野は頸城のヒンターランド

　さて、話題を交通路にもどそう。以下に整理してみよう。頸城野では北陸（若狭、越前、加賀、能登、越中、越後）を結ぶ北陸道（加賀街道）と、信濃追分で中山道から分岐し信越（小諸、上田、長野、高田、直江津）を結ぶ北国街道が交差している。近隣にはそのほか、上州高崎で中山道から分岐し三国峠を越えて出雲崎に至る三国街道、糸魚川から姫川沿いに信濃へと通じる姫川街道などがある。信越国境にはそのほか関田峠を越える関田街道、富倉峠を越える飯山街道（富倉街道）、北国街道の高田と三国街道の塩沢宿を結ぶ松之山街道、野尻湖に源を発して関川に沿う関川街道、現在は信越トレイルのコースに関係する梨平峠、牧峠、深坂峠など多くの街道・峠道が開かれた。上杉謙信の時代には軍用道路として機能し、江戸期には塩の道などの経済動脈として機能していた。

　古代から中世へとむかう時代の頸城交通路について、渡邉慶一「北国街道新井宿の成立とその発達」（『頸城文化』第18号、1961年）には次のように記されている。

　　裏日本、特に越後地方から（引用者による中略）、直接越後から信濃路を経て、表日本にいたる陸上の交通が漸く盛んになつてきたのは、おおよそ建久3年（1192）、源頼朝の鎌倉幕府開府以後とみて、たいした誤りがなかろう。武家時代以前にも、越後へ派遣された国司や、荘園の管理者たちが、京都、奈良、いわゆる上方方面との往来があつても、多くは海上交通によつたことはいうまでもない。」「越後上杉氏の兵馬を動かして、関東に向つた通路は、直江津を起点とすれば、まず北国街道を考えなければならない。なぜならば、本街道はすでに鎌倉時代から天下の公道として認められていたと思われるからである。

　また、同じ渡邉の論文「交通の変遷による生活文化の進歩発展―信越国境の山村について―」（『頸城文化』第26号、1968年）には次のようにも記されている。

商品の流通からみれば、信濃・上野は直江津のヒンターランドであり、北国街道はその唯一の通路であつた（☆06）。

　そのほか、上に私が記した三国街道については、平野団三が「上杉謙信と三国街道」（『頸城文化』第27号、1969年）で、次のように記している。

　〔引用1〕この往還は、米沢上杉家蔵慶長二年越後国絵図のうち頸城郡の部に記載されている。起点は直江津（府内）から「わうけ橋」を渡り真野新田「上真砂」島倉村（府内より二五里）下横住村安塚町（島倉より十五里）ほその村、大島村、法師峠（安塚より法師峠まで二十里）法師峠は越後、信濃、上野に通づる分岐点である。
　〔引用2〕三国街道は中世の路である（中世・戦国時代に上杉勢力他により整備・拡大された―引用者）（☆07）。

　本章を締めくくるにあたり、トピックスとして最後に「道路元標」に触れておこう。これは道路の起点と終点、経過地を示すための標識である。道路には国道8号線あるいは主要地方道新井柿崎線というように一つ一つ名前がある。その道路には起点と終点があり、それを示すために道路元標が設置された。先駆としては1604（慶長9）年に江戸の日本橋脇に建てた「里程標」がある。明治期になり、1873（明治6）年の大政官通達により、道路元標の設置は、東京は日本橋、京都は三條大橋の中央、大阪府及び各県はその本庁（県庁）所在地四達枢要の場所に「木標」を建てることになった。さらに1919（大正8）年の内閣総理大臣通達により道路元標は各市町村に一個置くこととなり、石材その他の耐久性材料を使用すること、大きさは高さ60センチメートル、正面、奥行25センチメートル×25センチメートルと定められた。しかし1953（昭和28）年の道路法改正により道路元標は「道路の付属物」として位置づけられ、本来の機能を失い、道路の整備、区画整理などによって破壊または移動放置という運命をたどることになった（☆08）。

4. 『頸城文化』掲載の関係記事 (カッコ内の数字は掲載号・初頁)

・板倉村上中古史の研究—その特質について—、清水泰次 (3-6)
・姫川街道とその周邊 (1〜3)、青木重孝 (4-6、6-33、7-17)
・北国街道新井宿の成立とその発達、渡辺慶一 (18-1)
・古代中世上越後 (頸城) の交通路 (1〜2)、平野団三 (24-51、25-10)
・交通の変遷による生活文化の進歩発展—信越国境の山村について—、渡
　辺慶一 (26-1)
・上杉謙信と三国街道、平野団三 (27-18)
・越中と越後との交渉史小考、橋本芳雄 (30-8)
・塩の道—千国街道をたずねて—、青山正久 (36-70)
・米山・もう一つの道、田中圭一 (43-42)
・旧大潟汀線文化——意外に古かった頸城村、平野団三 (45-56)
・関田峠道の改修について、鴨井英雄 (50-72)
・城と交通路——飯山道ぞいの長沢原城と長沢砦、植木　宏 (52-48)
・北国街道と新井宿、金子潤次 (52-96)
・松本街道・塩の道、土田孝雄 (52-104)
・北国街道の中山道、金子潤次 (53-59)

注
01 清水泰次「板倉村上中古史の研究—その特質について—」、『頸城文化』第3号、
　　1953年、7-8頁。
02 青木重孝「姫川街道とその周邊」、『頸城文化』第4号、1958年、6-7頁。
03 平野団三、前掲論文、57頁。平野団三、前掲書、64-65頁。
04 橋本芳雄「越中と越後との交渉史小考」、『頸城文化』第30号、1971年、
　　10-11頁。
05 米沢康『日本古代の神話と歴史』吉川弘文館、1992年、21頁。
06 渡邉慶一「北国街道新井宿の成立とその発達」、『頸城文化』第18号、1961
　　年、1、3頁。
07 平野団三「上杉謙信と三国街道」、『頸城文化』第27号、1969年、18頁。
08 頸城野郷土資料室編『くびき野文化事典』社会評論社、2010年、項目「道
　　路元標」(吉村博筆)。

第2章

信濃・上野古代朝鮮文化の信濃川水系遡上という可能性

はじめに―北陸沿岸の再評価

　日本海沿岸の新潟県上越地方（頸城野）に生まれ子ども時代を過ごした私は、1950年代後半から60年代前半にかけて、ときおり直江津や郷津の海辺で遊んだり佇んだりした。いつもとは限らないが、海岸に打ち寄せられている漂流物の中に、ハングル文字の記されたボトルや発泡スチロール片、板切れ、棒切れなどを見つけたものだった。それらは、日本海を挟んで対岸に位置する朝鮮半島から対馬海流ほかに乗って流されてきたのだ。『柏崎市立博物館報』第23号（2009年）に掲載されている論稿「漂着チャンスン考―「娥眉山下橋」標木の資料的位置づけをめぐって」（渡邉三四一）を読むと、私の目にした漂流物は、ものによっては学術的な研究対象になっていることが分かる。

　古来、人々は、日本列島と朝鮮半島とをよく行き来していた。けっして偶然の波任せではなく、意識的に波を利用して、両地域の人々は相互に往来していたのである。その歴史事象を、数次にわたる現地フィールド調査を踏まえて、信濃・上野古代朝鮮文化の信濃・千曲遡上というテーマでまとめることが本稿の目的である。なお、本稿では、朝鮮半島のことを韓半島とも表記する。考究の対象となる時代

が1世紀から7世紀にかけて、三韓時代（馬韓・辰韓・弁韓）から三国時代（高句麗・新羅・百済）にかけてだからである。

1. 韓半島南部の前方後円墳と千曲川流域の積石塚

これまでに、1996年を第1回として、合計6回わたって韓国を訪問し、その都度古代韓半島の歴史文化を調査・見学してきた。

第6回フィールド調査期間中の2017年2月22日、光州の月桂洞（ウォルケドン）古墳を見学した

(写真参照)。そこには日本独自の造形である前方後円墳、韓国の呼び名では長鼓墳（チャンゴブン）が残されていた。半島西南部には5世紀後半から6世紀前半に築かれたと推定される古墳が十数基知られている。造営者や造営目的は諸説に分かれているが、これらは日本列島と韓半島の政治経済・文化交流を如実に示すものといえる。

崔榮柱「韓半島の栄山江流域における古墳展開と前方後円形古墳の出現過程」には以下のように記されている。

〔引用1〕（光州を含む—引用者）栄山江流域における古墳の変遷過程は、墓域の墳形と埋葬施設の相関関係によって、Ｖ段階に分けられる。墳形は梯形・方形・円形・前方後円形があり、埋葬施設は木棺・甕棺・石室などが確認され、それぞれの相関関係は次の〈表1〉である（表省略）。古墳の墳形と埋葬施設の相関関係によって、画期となる段階は、前方後円形古墳の出現と九州系石室の埋葬施設が確認されるⅢ段階と、前方後円形古墳がなくなり百済系石室（泗沘時代）の埋葬施設が出現するⅣ段階である（☆01）。
〔引用2〕光州月桂洞1号墳・2号墳は、周辺に双岩洞古墳が分布し、少し離れた南側に河南洞遺跡と山亭洞遺跡が分布している。双岩洞古墳は九州系石室で倭系鏡が副葬され、月桂洞1号・2号墳との相互関係で造られていた（☆02）。

以上の引用から察すると、光州の月桂洞古墳は九州との交流を証明している。それに対して、次に考察する長野県北部の古墳は、高句麗と信越との交流を印象付けている。その古墳とは、北信濃の千曲川流域近くに残存する異形の古墳群である。そこでは、高句麗の墓制と共通の積石塚が複数確認されている。古代日韓文化交流の観点からみて重要と思われる指摘として、長野市教育委員会の調査概要報告書『国史跡 大室古墳群』(2007年)に以下のような記述が読まれる。

　★八丁鎧塚1・2号墳［須坂市教委2000年］
　1957（昭和32）年の埋葬施設の発掘では、1号墳から南海産の貝でつくられた貝釧、2号墳からは鍍銀銅製獅噛文鈴板（とぎんどうせいしかみもんばん）が発見された。特に鈴板は、大韓民国忠清南道公州市の宋山里2号墳出土例と近似していたことから、石積み墳丘であることと併せて関連づけられ、積石塚の系譜論に大きな影響を与えてきた。
　★長原古墳群［長野市教委1968年］
　直径12m規模の7号墳からは須恵器の平底細頸壺が出土しており、形態のみ着目すれば朝鮮半島の百済地域で出土する瓶形土器を想起させる（☆03）。

　私は、古代日韓交流時代には、半島南岸・東岸から海流に乗って日本海を横切り、能登、佐渡、越地方へと汀を通じる渡航ルート（汀線航路）があったと考えている。その一環として、日本海沿岸の河川を遡上して関東地方に向かう列島内ルートを予測している。根拠の一つは『日本後紀』桓武天皇延暦18（799年）11月の条に、おおよそ以下の記述が読まれることである。

　信濃の国の人、外従六位下婁真老、後部黒足、前部黒麻呂、前部左根人、下部奈弓麻呂、前部秋足また小縣郡の人、无位上部豊人、下部文代、高麗家継、高麗継楯、前部貞麻呂、上部色布知等が言うには、かれらはいずれも高麗の人で、小治田（推古）飛鳥朝に来朝、帰化した者であるが、いまだ本号を改めていない。伏して望むらくは、去る天平勝宝九歳四月四日の勅により大姓を改め、真老等は須々岐、黒足等は豊岡、黒麻呂は村上、秋足は篠井、豊人等は玉川、文代等は清岡、家継等は御井、貞麻呂等は朝治、色布知等

は玉井と姓を改めたい（☆04）。

　この史料に記されている「須々岐」は千曲市屋代の須々岐水神社（主祭神大国主命）に名残をとどめている（☆05）。このような史料からみても、私の予測はおおいに吟味の余地を持っている。その意図をもって、2017年の春、須坂市の八丁鎧塚古墳群と長野市の大室古墳群を見学することとした。

　同年5月26日、須坂市において、私はこれで2度目の文化調査を行うこととなった。1度目は1993年8月、奇妙山に登って作仏聖・木食聖の但唱が遺した足跡を確認した。成果は「作仏聖とものがみ信仰―万治の石仏と奇妙山石仏群―」（『日本の石仏』第75号、1995年）ほかに結実している。

　さて、今回は古代日韓文化交流の調査を目的としている。過去に五度の韓国現地調査を行い、2017年から国内関係地での調査を開始している。1回目は同年5月20日、高崎市保渡田に残る保渡田古墳群である。周辺には下芝谷ツ古墳という、高句麗に起源を有すると推測できる方形積石塚があり、副葬品として半島南部に由来すると考えられる金銅製の飾履が出土している。かみつけの里博物館で実見した。同館の「常設展示解説書」から引用する。

　　（下芝谷ツ古墳）発掘担当者の丁寧な調査により思いがけない遺物が姿を現した。それは金銅製飾履。（引用者による中略）飾履はもともと朝鮮半島で発達した装飾品である。日本では5世紀後半から六世紀の時期に20例ほどしか出土していない貴重な遺物だ（☆06）。

　こうした調査結果をもとに、私はとりあえず「保渡田古墳群見学（高崎市2017年5月20日）」を発表した（☆07）。今回の調査は、その一週間後の5月26日に行っている。

　須坂駅につくと、ただちにタクシーで八丁鎧塚古墳群に向かった。20分もかからなかった。周囲は葡萄や桃の果樹畑が広がり、遠い昔の遺跡があるとは思えなかった。しかし、タクシーが現場に着くや、丸石・河原石の小山というか楕円丘というか、ゴロゴロした黒山の積石塚古墳が目に飛び込んできた（写真参照）。古墳は2基に分かれている。1号墳は東西径約

23 メートル、高さ 2.5 メートル、
墳丘は約 10 メートル。2 号墳は
南北径約 25 メートル、高さ 3.6
メートル、墳丘は約 5 メートル。
重要なのは後者である。墳丘下 1
メートルから鍍銀銅製獅嚙文鎊
板三点が出土した。須坂市教育

委員会編『長野県史跡「八丁鎧塚」』(2000 年 3 月) には以下の記述がある。

> それらは類似した正方形で、下辺の長さが 3 〜 4cm 角で、厚さが約 2mm
> の金属板である。そして凸面状に丸い膨らみがついており、獣面が浮き彫
> りにされている。獣面は獅子嚙文である。表面は銀色に光った部分で覆わ
> れているが、錆もかなり吹き出ている。類似資料は奈良県真弓罐子塚古墳
> や韓国の宋山里 2 号墳でも出土しているという (☆ 08)。

　宋山里 (ソンサンニ) 古墳群は、2016 年 2 月 22 日 (第 4 回) に見学し
た地である。百済 (346-660 年) の古都公州 (コンジュ) にある。あの時は、
古代日本と関係の深い武寧王 (ムリョンワン) の遺跡墓に夢中となるばかり
で、須坂の積石塚のことなどまったく意識になかった。それに、積石塚は
半島北部、高句麗の墓制であるから、須坂の積石塚古墳で半島南部に関係
する銅製金具の遺品が見つかったとなると、考察にひとひねり必要である。
しかし、積石塚も金具も半島由来である点で、古代日韓交流の物証である
ことに違いはない。ただし、あまりに半島直輸入だと強調するのは正しく
ない。あくまでも半島住民と列島住民による生活文化のアンサンブルであ
る点を忘れてはならない。

　その後、こんどは長野市松代町
にある大室古墳群に向かった。千
曲川堤防近くで、八丁鎧塚からタ
クシーで 20 分くらいのところに
あった。ここの積石塚は形状が立
派である。添付の写真に見られる
ような合掌形石室がいちだんと評

価を高めている。長野市教育委員会編『国史跡 大室古墳群』（2007年3月）
には以下の記述がある。

　　〔引用1〕大室古墳群の最大の特徴は、石積み墳丘をもつ『積石塚』と、埋
　　葬主体部の天井石を屋根形に架構する『合掌形石室』という特異な埋葬施
　　設の存在であろう。古墳総数約500基のうち約330基が積石塚といわれ、
　　また合掌形石室は約40基ほどが知られている。
　　〔引用2〕このように、大室古墳群は日本最大の積石塚古墳群として重要で
　　ある。また、積石塚は高句麗の墓制と、特徴的な合掌形石室は百済の墓制
　　との関係を指摘する意見もある（☆09）。

　八丁鎧塚と大室古墳の2箇所を巡ったあと、タクシーで須坂市立博物
館に向かった。同館で丸山裕範館長および高橋千穂学芸員より詳しい説明
を受けつつ、八丁鎧塚の出土物をじっくり確認した。
　ちなみに、古代における韓半島と信濃川水系との文化交流について、私
は高崎市の保渡田古墳群を見学した時にまずもって予感を得た。同古墳群
を含む上毛野はにわの里公園内にあるかみつけの里博物館内を巡って驚い
たのは、半島北部に関係するとほぼ断定できる「積石塚古墳」についての
展示があったことである。館内で購入した常設展示解説書『よみがえる五
世紀の世界』には、以下の記述がある。

　　昭和62年、高崎市箕郷町から奇妙な古墳が発掘された。谷ツ古墳である。（引
　　用者による中略）墳丘は上下二段に仕上げられているが、下段は土を盛り上
　　げ、上段は石だけで構築した『積石塚』である。積石塚は日本古来のもの
　　ではなく、朝鮮半島北部がその源流だ（☆10）。

　この記述に出遭ったことは、保渡田古墳群見学の最大の収穫といえる。
下芝谷ツ古墳自体は残念ながら埋め戻されており、また、このときの調査
見学では当の積石塚古墳には向かえなかった。しかし、ことは一挙に重大
な局面を迎えることとなった。それは、以前から文献調査をしてきた大室
古墳（長野県長野市）の積石塚（高句麗の葬制）、八丁鎧塚古墳（長野県須坂市）
の積石塚（高句麗の葬制）、および根塚遺跡（下高井郡木島平村）の渦巻文装飾

20

付鉄剣（朝鮮半島南部の伽耶）と連動するからである（☆11）。今回の保渡田古墳での調査は、朝鮮半島→コシ（信濃川河口→千曲川流域）→クルマ（群馬の古名）→コマ（埼玉県高麗地方）へと連結させる私の信濃川遡上説に、暫定的な傍証を与える結果をもたらした。その思いが、私を群馬県から長野県、新潟県の遺跡調査へ向かわしめたのだった。

　なお、保渡田古墳とは別の事例であるが、おなじ群馬県の渋川市にある金井東裏遺跡には、古代における朝鮮半島との交流を示す遺物が出土している。それは、浅間山、榛名山の噴火活動が活発だった頃（浅間山で3世紀末、榛名山で6世紀初と同世紀中）に火山灰で埋没した事例である。2017年8月20日に、東京新聞フォーラム「よみがえる古代の大和シリーズ　古墳時代に生きた人びと」（東京新聞、奈良県立橿原考古学研究所主催、江戸東京博物館）で行われた以下の右島和夫報告に示される。

　〔引用1〕特に注目されたのは火砕流の犠牲になった40代前半の成人男性であり、甲冑（かっちゅう）類を身に着け、腰に刀子・砥石を下げていたことと、頭骨の形質的特徴やストロンチウム同位体分析などから他地域からやってきた渡来系に属する人物像が想起された。
　〔引用2〕歯を使って分析したところ、よろいの男性は幼いころ、群馬の水を飲んでいないことが分かった。長野県にいたようだ。（男性は、当時の朝鮮半島の支配者層の装束に見られる刀子（とうす）＝小刀＝や砥石（といし）をつりさげていたことから、渡来集団のリーダーとの見方があり）まず伊那谷に来て、群馬に移ったのではないか。あの遺跡の始まりは450年ごろ。よろいを着けた男性は少し後の時期の人物。男性は子供のころ父親に連れられて群馬に来たのかも。父親が（渡来集団の）一世で、男性は日本で生まれた二世なのかもしれない。また男性は脚の骨の発達具合から、馬に乗っていたのではないかとの指摘がある（☆12）。

　なお、引用文中に「伊那谷」が読まれる。信濃川流域と関係が薄い南信のこの地が注目されたのは、当該の化石人骨（6世紀初頭）が馬匹生産集団の一員あるいは家族として伊那谷から上野へ移住したと想定されたからである。しかし集団規模こそ劣るかもしれないが、金井東裏遺跡からみて伊那谷よりも近くにあって馬匹生産に関係する馬具の出土した、6世紀初頭

までの遺跡・古墳は信濃川・千曲川水系にも数箇所存在する。よって、ほかの想定を排除するものではない。「よろいの男性」あるいはその家族は、渡来一世か二世なのだから、半島→越後→信濃川水系・峠越え→榛名山麓、という短期移住ルートを辿った可能性をもつ（☆13）。

　それから、信濃川の支流にあたる魚野川流域の飯綱山古墳群（新潟県南魚沼市六日町）からは、朝鮮半島由来の可能性が高い鉄鉾、砥石、馬具が出土している（☆14）。さらには、信濃川流域からはそれるものの、新潟県胎内市の天野遺跡の渡来系遺物の出土も興味深い。この事例に関しては、以下の２報告がある。まずは、数少ない新潟県北部と朝鮮半島との交流が指摘されている記述である。「宮の入遺跡では新潟県では唯一の朝鮮半島で作られた陶質土器が出土しています（胎内市教育委員会2009年）」。

　次には、山形県域と朝鮮半島の交流を指摘している記述である。

　　以上のように山形県域では、庄内地方を除く内陸側に渡来系文物が点在している。これらのうち、唯15世紀代に遡る大之越古墳例については、鍛冶工房が検出された仙台・郡山市周辺の諸遺跡や初期馬具が出土した角田市吉ノ内1号墳などの存在を勘案し、先述した太平洋側の流入ルートから分派してもたらされた蓋然性が高いと考えている。そのほかの文物（積石塚・陶質土器）については、同種のものを太平洋側で見出しがたく、時期も六世紀前半を中心としていることから、古東山道ルートの文化流入とは別の経緯でもたらされたと判断するのが妥当である。新潟県胎内市宮ノ入遺跡で上下交叉透孔をもつ新羅系の無蓋高杯が出土している点を考え合わせると、日本海側の物流が関係していると考えられる。そして日本海側において東北北部との交流が盛行するのもちょうど同時期である点を踏まえると、両事象が一連の地域的動向である可能性を視野に入れる必要があろう（☆15）。

２．巴形銅器と翡翠

　本節では、前節「積石塚」のように韓半島南部から北陸→信濃へ、でなく日本列島から韓半島南部へ、というルートの文化交流の足跡を印象付ける埋蔵物を検討する。それは、いまから100年前に長野県上田市で出土している。1916年に旧小県郡武石村の上平遺跡で発見された巴形銅

器（上田市立信濃国分寺資料館蔵）である。小山岳夫「中部高地における中期から後期の地域的動向」にこう記されている。「巴銅器は、日本列島固有の銅器で南海産のスイジガイをモデルに創出されたものと考えられている」(☆16)。また、武石村誌刊行会編『武石村誌』第2編（村の歴史、1989年）にはこう記されている。

「弥生時代の巴形銅器の製作地は、今までその分布状態などから北九州が想定されていたが、平成元年に全国の注目を集めた佐賀県の吉野ケ里遺跡で初めて鋳型が発見され、その確実性が高まった。どのような経緯で巴形銅器は北九州の地から遠く中部高地へ、しかも弥生時代的生産の立地のしにくい依田窪の地の上平へ運ばれて来たのであろうか」(☆17)。

巴型銅器といえば、私は2017年2月に金海市の国立博物館で確認してあり、展示物の図録によると日本からもたらされたもので、盾の装飾金具と考えられている（写真参照）。国立金海博物館館内で購入した日本語版図録には以下の説明が読まれる。「巴形銅器は、革で作られた盾を装飾した道具として知られている。日本でもこのような遺物が多く出土しており、加耶と日本との活発な交流を証明する遺物である」(☆18)。この件については念のため帰国当日（2月24日）搭乗前にソウルの国立中央博物館で再確認した。そのときに展示されていた交流地図からは、巴形銅器は日本から韓半島にわたったような印象をうけた。しかし、どちらが先かなどは些細なことだ。なぜなら、この種の文様は古代ユーラシア交通路を経由して西方からもたらされたものと比較してかからねばならないからだ。

想像するに、吉野ヶ里で作られた巴形銅器のうち、あるものは北陸沿岸を経由して北信濃の上平へ、またあるものは対馬を経由するなどしつつ海をわたって韓国南部の伽耶へ、それぞれもたらされたのだろう。

ソウルの国立中央博物館には、古代日韓交流の証として、ほかに環頭大刀が展示されていた。これと類似する遺物は日本列島にも存在し、「高麗剣（こまつるぎ）」と総称している。韓半島からもたらされたもの、それを

第2章　信濃・上野古代朝鮮文化の信濃川水系遡上という可能性　23

模して列島で生産されたものなどが混在するが、日韓交流の有力な物証となっている。

　日本列島から韓半島南部へ、というルートの文化交流の足跡を印象付ける出土品には、いま一つ、翡翠がある。頸城野を軸に朝鮮半島南部・東部と北信濃一帯（半島→北陸沿岸→信越国境）への文化の伝播を考えるならば、現在の新潟市から遡る信濃川＝千曲川、上越市から遡る関川、さらには糸魚川市から遡る姫川が想定できる。そのうち、古代における千曲川の水運と文化の伝播に関連して、長野県埋蔵文化財センターの川崎保研究員による2007年の講話記録「遺跡から見た古代千曲川の水運」が参考となる。その中に、翡翠に関連して以下の記事がある。「ご当地千曲市の円光坊遺跡や屋代遺跡群で出土していますヒスイもある意味、海の文化を象徴するものと私は考えています。（引用者による中略）ヒスイもおそらく千曲川を遡って入ってきているのではないでしょうか」(☆19)。ここに記された交易品の翡翠は、一方では糸魚川から朝鮮半島へ、他方では糸魚川から上越や新潟方面へもたらされたのであった。こうして、古代日韓交流のルートは、翡翠の交易ルートにかさなっていたと考えられるのである。写真は、国立ソウル博物館の慶州出土のヒスイ付き金冠である（☆20）。

むすび

　新潟県妙高市の関山神社には朝鮮三国時代の金銅菩薩像が神体として現存する。数年前にそれを実見した私はこう推理する。このような渡来系菩薩諸像を手にした越の生活者は、6世紀から7世紀にかけて、自前で僧侶を育成しつつ仏教を越に見合うよう土着化していった、と。その過程はヤマトの「公伝仏教」と一線を画し、関山神社妙高堂に安置されている脱衣婆像（写真参照）にみられるように、道教系の民間信仰と習合しながら展開したのだろう。

さて、ここで一つの調査結果を記そう。私は2016年2月下旬、関山神社金銅仏の出自を現場で確認するため、古代百済文化の中心である忠清南道の公州と、同じ忠清南道の扶余に出かけた。そのうち国立扶余博物館において、関山神社金銅仏に近似する様式の金銅仏2体に出遭った。ここに掲
げる写真の左右がそれである。中央は関山神社の金銅仏。左と中央では両肩からクロスしてかけられた紐状の法衣がほぼ同じであり、右と中央では天衣の垂れ模様が類似している。左右の2像を合わせると中央像に一致するとも言えよう。仏教美術様式からみて、関山神社の金銅仏は7世紀ごろの百済に由来すると結論できよう。

ところで、広隆寺の宝冠菩薩半跏思惟像や関山神社の銅造菩薩立像は半島・列島のどちらで造られたものか、という結論を日韓文化交流史の歩みから導くと、造形文化のシンクレティズム（複合・連携）がそぎ落とされる。とりわけ飛鳥時代に関連する諸像は、シルクロード上の諸民族・諸文化を混交させつつ、その先に朝鮮半島の素材や技術が日本列島のそれらと出遭いつつ、交互的・相補的に開花・結実したもの、といった立ち位置を取りたいものである。写真は国立海洋文化財研究所（木浦市）展示の航路図である。本稿は、そのような見方を北陸から東北沿岸の汀線航路および信濃川を曳舟遡上するする環日本海文化の観点から論じたものである。

最後に、国立歴史民俗博物館の研究者が述べた次の発言を引用して、本稿を締めくくる。「長野県北部には、弥生青銅器が大量に出土した柳沢遺跡や、渦巻状の装飾をもつ鉄剣という特異な鉄製武器を出土した根塚遺跡などがあり、この地域が日本海沿岸と関東北部を結び付けたのだろう」（☆21）。

注

01 崔榮柱「韓半島の栄山江流域における古墳展開と前方後円形古墳の出現過程」、『立命館文學』第632号、2013年、163頁。

02 同上、157頁。

03 長野市教育委員会調査概要報告書『国史跡 大室古墳群』2007年、15、16頁。

04 久野健『仏像風土記』NHKブックス、1979年、104頁。『日本後紀』の巻八 延暦十八（七九九）年十二月甲戌条」には次のように記されている。「又信濃国人外従六位下卦婁真老。後部黒足。前部黒麻呂。前部佐根人。下部奈弖麻呂。前部秋足。小縣郡人无位上部豊人。下部文代。高麗家継。高麗継楯。前部貞麻呂。上部色布知等言。己等先高麗人也。小治田。飛鳥二朝庭時節。帰化来朝。自爾以還。累世平民。未改本号。伏望依去天平勝宝九歳四月四日勅。改大姓者。賜真老等姓須々岐。黒足等姓豊岡。黒麻呂姓村上。秋足等姓篠井。豊人等姓玉川。文代等姓清岡。家継等姓御井。貞麻呂姓朝治。色布知姓玉井」。

05 岡本雅亨『出雲を原郷とする人たち』（藤原書店、2016年）には以下の記述が読まれる。「明治期の埴科（はにしな）郡神社明細帳をみると、屋代村五社の筆頭が須須岐水神社で、御穂須須美神社が次と、須須の二文字をもつ社が始めに並ぶ。須須の名をもつ社といえば、まず能登国珠洲郡鎮座の美穂須須美命を祭る式内社・須須神社が浮かぶ。珠洲は和名抄が『須須』と訓じる古代からの郡名だ」（241頁）。この文章からは、古代日本海側の出雲から越後、越後から信濃への汀線文化の系譜が推定できる。

　　また、松本市には薄川が流れ、その近辺に針塚積石塚古墳がある。前もって積石塚墓を造った高句麗系の人々が5世紀初から住みついていて、そこへ7世紀の滅亡時に高句麗移民がやってきたということだろう。

06『よみがえる5世紀の世界 かみつけの里博物館常設展示解説書』2017年、48頁。

07 石塚正英「保渡田古墳群見学（高崎市2017年5月20日）」、『頸城野郷土資料室学術研究部研究紀要』Forum12、2017年。

　　なお、広く東アジア文化との関連ならあてはまるものの今回の古代日韓文化交流調査とは直接の関係を持たないが、保渡田古墳で一つ重要な発見を為した。約1500年前に造営された八幡塚古墳は前方後円墳で、造営時そのままの姿で復元されていたのである。つまり表土などの堆積物がない、したがって草も生えていない丸裸の状態に埴輪が立ち、葺石が露出しているのだった。

これが見たくて2017年5月20日、高崎市にやってきた。だが、古墳に登る前に、外堤におかれた盾持ち人埴輪（レプリカ）にあっと驚かされた。古墳の周囲には内堀、外堀、外周溝が巡り、その間に内堤と外堤が築かれていた。
　埴輪の楯に、あの先史紋様の代表である△▼が描かれていた。その紋様を施された盾持ち人埴輪は、外堤にいて外をむき、墳丘の守りを固める役を担ったのである。この文様を、多くの考古学者たちは「鋸歯紋」といっているが、そうではない。先史焼畑農耕のころからの神である蛇（の鱗）を指す鱗紋なのである。一昨年に見学した国立公州博物館でみた鏡の三角縁にも共通する。三角文様は、注連縄（しめなわ）や御幣（ごへい）と同様、

結界のきざはし(聖俗の境界線)を意味する。外堤はたしかに結界のきざはしだ。注連縄が蛇の象形であるのと同様、三角文様は蛇の鱗を意味し、三角文様の連続は蛇体を意味している。
　なお、三角紋様と蓮弁紋様との区別について、私は、前者を古代大和政権成立以前に、あるいは仏教文化成立以前に、後者を同政権成立以後に、あるいは仏教文化成立以後に関連づける。その傍証となる研究に以下のものがある。鈴木勉『三角縁神獣鏡・同笵（型）鏡論の向こうに』雄山閣、2016年。特に以下の議論が重要である。
　〔引用1〕筆者は、2015年5月、「三角縁神獣鏡の仕上げ加工痕と製作体制」を著し、三角縁神獣鏡の最終仕上げ加工痕の分析から、各地の三角縁神獣鏡が出土古墳近くの地域で一括生産されたことを突きとめた。さらにその工人らの「出吹き」によって生産が行われ、彼らの本貫の地を大和盆地内と推定した。（引用者による中略）つまり、小林行雄氏が提起した「三角縁神獣鏡中国製作説」ならびに「大和王権による各地豪族への下賜説」を覆すものである（同、244-245頁）。

〔引用2〕筆者は「前方後円墳文化論」を提起したいと考えている。政治・武力による前方後円墳体制論を描くことはもはや出来ない。となれば、これだけ全国に分布する前方後円墳については、政治的な支配を示す「前方後円墳体制論」ではなく、力の関係においては未だ「部族連合」の域にあって、ヤマト王権を中心とする「前方後円墳文化」だけが広まった現象の一つが、三角縁神獣鏡の出吹きであったと考えたい。5世紀の稲荷山鉄剣の金象嵌銘文や江田船山鉄刀の銀象嵌銘文は、未だ完全にはヤマト王権の支配下に入っていない筑紫や武蔵の地域王権において、被葬者自身がヤマト王権の協力者であることを誇りとして銘文に刻んだものであろう。そのようにして列島各地の豪族達は次第にヤマト王権の協力者へと変貌を遂げていったのである」（同、251-252頁）。

08 須坂市教育委員会編『長野県史跡「八丁鎧塚」』、2000年3月、37頁。

09 長野市教育委員会編『国史跡 大室古墳群』4、9頁。

10『よみがえる5世紀の世界 かみつけの里博物館常設展示解説書』、47頁。

11 根塚遺跡の渦巻文装飾付鉄剣については、以下の資料を参照。根塚遺跡発掘調査団編『根塚遺跡』木島平村教育委員会、2002年。とくに以下の記述を参照。「朝鮮半島南部に渦巻文をもつ鉄製品を求めると、慶尚南道金海市酒村面の良洞里古墳悪出土品にいくつか見られる」。「鉄剣の産地は、鍛造の高度技術と共に、渦巻文装飾から考えて朝鮮半島（伽耶方面）に比定される。3世紀代の朝鮮半島南部では、既に塊錬鉄や炒鋼法の製鉄技術は根付いていたと推定される」。65頁、113頁。

12『東京新聞』2017年9月2日付朝刊、9面。この右島発言の根拠となる発掘報告書から、必要箇所を若干引用しておく。

〔引用1〕（出土した‐引用者）1号人骨に関しては、これまで報告されてきた、関東・東北古墳人とはまったく違う形質をもっており、眼窩が非常に高く、鼻が狭く高身長といういわゆる渡来的形質をもつ個体である。（引用者による中略）それほど混血の進んでいない渡来系の出自であると考えられる1号人骨（引用者による後略）。

〔引用2〕ストロンチウム同位体比分析では、1号・3号人骨の幼少期の生育環境が群馬県域ではないことが判明し、成長期以後に移住してきたことが推測された。（引用者による中略）1号人骨と3号人骨では異なる母系であることが判明し、形質人類学的研究成果と整合する結論を得た。

田中良之，米元史織，舟橋京子，高椋浩史，岩橋由季，福永将大，藤井恵美，小山内 康人，足立達朗，中野伸彦『金井東裏遺跡出土人骨、金井東裏遺跡甲着人骨等詳細調査報告書』群馬県教育委員会・（公財）群馬県埋蔵文化財事業団、2017 年、281-282 頁、457 頁。

　さらに、本稿での論証に役立つと思われる史料を引用する。『続日本紀』霊亀二年（七一六）五月辛卯【十六】（716 年 5 月 16 日）に次の記述がある。「以駿河。甲斐。相摸。上総。下総。常陸。下野七国高麗人千七百九十九人。遷于武蔵国。始置高麗郡焉（駿河、甲斐、相模、上総、下総、常陸、下野七か国から高句麗人一七九九人を武蔵国に移し高麗郡を設置した）」。引用資料中に読まれる諸国中「上総、下総、常陸、下野」の高句麗人は、上野に移住した高句麗人と同じ流入経路をたどったと推測できる。

13 以下の文献を参照。小林幹男「古代・中世における牧制度の変遷と貢馬」、『長野女子短期大学研究紀要』4、1996 年、22 頁、表 1「都市別の古墳数と馬具出土の古墳数」。塩入秀敏「長野県の馬具副葬古墳について―科野古代馬匹文化研究のための一作業―」、『上田女子短期大学紀要』16、1993 年。

14 橋本博文「飯綱山古墳群が提起する問題―畿内政権の東国支配の変化」、平成 25 年度越後国域確定 1300 年記念事業記録集、新潟県教育委員会、95-108 頁、参照。ただし、報告者の橋本は、古代朝鮮文化の半島→越後→信濃川遡上でなく、畿内政権の東国支配という視点から議論を組み立てている。

15 草野潤平「古墳周縁域の交流について―太平洋側の動向と山形県域の特質―」、『公益財団法人山形県埋蔵文化財センター年報』平成 24 年度、67 頁。春日真実「新潟県の古墳時代中期～後期」、新潟県教育委員会『平成二十五年度 越後国域確定一三〇〇年記念事業　記録集』2014 年、137 頁。なお、引用文中に記されている「胎内市教育委員会、２００９」とは、以下の文献である。「天野遺跡：新潟県胎内市（胎内市埋蔵文化財調査報告、第一六集）」胎内市教育委員会、2009 年 3 月。

16 川崎保編『「赤い土器のクニ」の考古学』雄山閣、2008 年、210 頁。

17 武石村誌刊行会編『武石村誌』第 2 編「村の歴史」1989 年、134 頁。

18『国立金海博物館日本語版図録』、118 頁。

19『JANES ニュースレター』No.15、35 頁。

20 石塚正英「「裏日本」の翡翠文化―金（略奪）文化を凌ぐ玉（還流）文化」NPO 法人頸城野郷土資料室編『「裏日本」文化ルネッサンス』社会評論社、

2011 年、所収、参照。

21 上野翔史「日本海と鉄」、国立歴史民俗博物館歴史系総合誌『歴博』第 202 号(特集「日本海交流史」)、2017 年 5 月、6 頁。

　　本章の議論を盛り上げる傍証として、注目するべき議論を 2 編、ここに引用する。一つは森浩一の考察①であり、いま一つは江守五夫の考察②である。

　　　①積石塚というのは日本では長野県が一番多いんです。普通には長野県に積石塚を残したのは比較的新しい「帰化人」、つまり高句麗と百済の滅亡の前後に渡来したというんですけれども、辻褄が合わない。積石塚は高句麗では古い時期にしかないんです。それに高句麗や百済の滅亡のころには向こうも土塚なんです。そうするとおそらく日本海航路で来ておったと思うんです。遺物ももちろん古いものが出るんですけれども、それだけではなくて、平安時代になって信濃の高句麗の人達がたくさん名をつらねて、名を変えてくれと言ってくるんです。それが卦婁真老(ケルマオイ)という高句麗の名前を名乗っています。この卦婁というのは『魏志』の唐夷伝のなかに、高句麗の王家と婚姻を結んでいるひとつの集団として出てくる古い家柄なのです。どうも信濃あたりに朝鮮的集団が入ってくるのは、高句麗や百済の滅亡の時期よりももう百年も二百年も前に入っていたと思われます。その一派が関東にどんどん入ってくるんですね。そこで関東地方におびただしい後期古墳を残している。後期古墳の立派な馬具とか環頭太刀とかは関東が圧倒的ですからね。それからこれも朝鮮起源だと思いますけれども、鈴鏡なんていうのも圧倒的に関東が多いです。

岡本太郎・金達寿・司馬遼太郎・森浩一「座談会　日本文化の源流に挑む」、株式会社サンポウジャーナル編集・発行『産報デラックス 99 の謎:歴史シリーズ 1:古代の遺産』1976 年、90 頁。

　　　②森(浩一——引用者)は、長野県における高句麗式の積石塚でおびただしい分布に着目し、高句麗文化が能登や富山方面などへの日本海ルートを経て(大和を仲介しないで—著者)信濃に入ったと考え、「信濃とか甲斐とかの馬文化が、碓氷峠という重要な交通路でどんどん関東へ

入っていき、六世紀から七世紀にかけての関東のものすごい馬の文化というものを後期古墳の中に残していくのではないだろうか」との仮説を提示したのである（『対談古代文化の謎をめぐって』社会思想社）。（引用者による中略）古代の高句麗をはじめとする騎馬民の馬文化とともに、《火》の儀礼文化も日本海ルートを経て日本に入ってきたと（江守は―引用者）想定したのである。／では、この北方系の《火》の儀礼文化が日本に入ってくる流入口はどのあたりであったろうか。森が馬文化の流入口と考えた能登や富山方面では、実は、《火》の儀礼文化は稀薄にしか見出されないのである。私は、新潟県下越地方を、《火》の儀礼文化の流入地点と推定している。（引用者による中略）1982 年に『新潟県史』の民俗編（1）が刊行され、同地方に《火》の婚姻儀礼がかなり集中的に分布しているのが明らかにされたのである。

江守五夫『婚姻の民俗―東アジアの視点から』吉川弘文館、1998 年、148-150 頁。

第3章
先史と文明を仲介する前方後円墳の儀礼文化

はじめに

　1960年代、とりわけ1964年の東京オリンピック開催前後から関東地方を中心に遺跡の行政発掘調査・緊急発掘調査がさかんに実施された。高度経済成長のもと、道路や宅地造成など国土開発の動向が激しさを増し、調査の済んだ遺跡の多くは破壊されていった。そのような時代のうねりを肌に感じつつ、私は1970年1月、小山顕治、薮崎逸朗ら立正大学考古学研究会のメンバーとともに、埼玉県熊谷市近郊の三ヶ尻古墳群付近の畑地で土器の表面採集を試みた。この遺跡群は、1958年の埼玉県下一斉古墳調査において古墳として認定されていたものである。同地には縄文・弥生・古墳後期の遺跡群が残り、円墳にまじって2基の前方後円墳が確認されている。

　当時はまた、建国記念の日制定（1966年）など明治百年のロマンティシズムが一世を風靡しており、いにしえのヤマト政権がひときわ注目されるに及んでいた。ともに時代の要請に応じて、一方に破壊されていく名もなき中小古墳群、他方にはいや増しに人気が出ていく畿内の大王陵、というパラドクスが際立ったのであった。そのような時期に学生時代を過ごした私は、名もなき古墳群の周囲に生存しただろう<u>いにしえびと</u>に思いを馳せた。とりわけ、1930年熊谷近郊の畑地で見つかった〔踊る埴輪〕の造形に、私の心情はゆすぶられ、インクルーシブダンスの輪に入った。あたかも踊っているようにみえるあの埴輪のモデルは、現代人の観念や感性とは異なる面持ちであのスタイルをとっていたのだ。先史・古代人の踊りが単なる娯楽でなく、生活そのものであることを知っている者は、あのスタイルを単なる「馬曳」とはみない（☆01）。踊る人＝馬を曳く人、とみて、〔踊る埴輪〕の名称を削ることはしない。あの埴輪の中に、私は〔先史の感念＝踊る〕と〔文明の理念＝馬を曳く〕の交叉を見いだす。ここに記す「<u>感念</u>」とは私の造語である。感性知・身体知に付随するもので、理性知・理論知

にかかわる「理念」の対極に位置している(☆02)。ただし、本稿ではその〔感念＝先史〕と〔理念＝文明〕の交叉を――諸勢力でなく諸衆の――前方後円墳において確認したいのである。

　2020年10月、わが故郷の頸城野――新潟県上越市吉川区――で3基の前方後円墳が発見された(写真参照：頸北歴史研究会の高橋勉提供)。現場には雑木が生い茂り、調査はこれからであるが、日本海沿岸の頸城野がヤマト政権と早期に接触していた証となることは確実である。このニュースを私は武蔵野で、三ヶ尻遺跡に立ち至った1970年前後のわが心情のままに受け取った。そして、これを記念して「先史と文明を仲介する前方後円墳の儀礼文化」と題する論考をものすることとした。なお、用語の説明であるが、私は古墳時代を先史と文明の端境期とみなし、その期における畿内の豪族連合政権を〔ヤマト政権〕と表記する。統一国家を連想させる「大和朝廷」とか「大和時代」とかの表現は用いない。引用文など他者による表現はそのままとし「　」で囲む。

第3章　先史と文明を仲介する前方後円墳の儀礼文化　　33

1．儀礼文化としての前方後円墳

　NHKテレビ番組「歴史秘話ヒストリア」(2019年5月29日放送)の「巨大古墳誕生 世界遺産目前！百舌鳥・古市古墳群」を視聴していて、その解説に私はいくつかの疑問を感じた。さいわいインターネットでバックナンバー紹介のサイトを閲覧でき、そこに「エピソード」と称して3点を再確認した。それを資料に引用して疑問点を浮き彫りにする（☆03）。

　　エピソード1：巨大古墳誕生の謎
　　日本最大の大山古墳（仁徳天皇陵古墳）は、実施された学術調査により表面が粒のそろった石で覆われ円筒埴輪3万本もならぶ「壮大な人工空間」であることがわかってきました。そのルーツを弥生時代の地方豪族の墓を通じて探っていくと、見えてきたのは「統合のシンボル」としての古墳の姿─。

　前方後円墳は、当初から諸部族統合のシンボルであったわけでなく、結果的にそう見えるようになっていっただけのことだろう。古墳時代初期から遠大な統合のシステムやシンボルがあったと想定するのは史実にそぐわない。いわんや弥生時代の墳丘墓を基点に、弥生→古墳時代を連続的に見たてて前方後円墳を説くのは、形式と内容の区別、役割の多様化をめぐって重大な誤解を招くこと必定である。墳丘墓では、なによりも亡き首長の葬送として儀礼が営まれた。その儀礼は<u>この首長</u>といった風に個別的・具体的だった。そこからやがて、<u>累代に継承される祖霊を宿す首長</u>に対する儀礼への転化すなわち霊的シンボル化が進んだ。墳丘墓での儀礼、元来それは先史的・呪術的なのである。先史の精神が下支えとなって文明の理念が生れていく。政治的・軍事的統合は文明化のシンボルであって、墳丘墓が端から「統合のシンボル」であったかのように語るのは一面的と言わざるを得ない。

　　エピソード2：なぜ巨大なのか？　古墳で国を守る秘策
　　海からのながめが最も美しいとされる「百舌鳥古墳群（もずこふんぐん）」。なぜ「海」から見ることを意識したような造りなのか？　海の向こう朝鮮半

島にある「高句麗古墳群」、百済の古墳文化などと比較しながら緊迫した古代の東アジア情勢、そしてヤマト政権の王たちの壮大な戦略に迫ります。

　大山陵古墳（伝仁徳天皇陵）に代表される百舌鳥古墳群は5世紀半ばの造営が中心である。5-6世紀の大王陵のみに通用するような説明でもって前方後円墳一般の説明に代えてはならない。当番組は「巨大古墳誕生」の括りなので、それだけをとれば問題がないようにみえるが、巨大に造られなかった前方後円墳との関連、7世紀に至るや築造を禁止されてしまうこととの関連、等々の疑問が浮かぶ。さながら、20世紀初頭に南方熊楠が抵抗した明治政府の宗教統合政策「神社合祀」に比せられようか。さらには、列島各地に早期から造営されていた高句麗様式の古墳「積石塚」との関連をなぜ問題にしないのか。倭の命運を賭した巨大な防衛装置で国を守る、という対立基軸ばかりでなく、例えば共生を伴なって半島人が信濃川流域（長野から群馬に向けて）に平和的に造営した積石塚古墳をなぜ考慮しないのか。
　3世紀半ばの初期にあって前方後円墳は、海の向こうの半島勢力を意識するよりも、自身の部族あるいはその近隣連合における呪術的儀礼に相応

第3章　先史と文明を仲介する前方後円墳の儀礼文化　　35

しい形状として造営され出した。部族連合政権ヤマトが、それを脱儀礼化し列島各地の諸部族への政治的対抗策へと転用し出したのは爾後であった。例えば、先史・古代の日本海沿岸には、半島との航路のほか、九州→山陰→北陸へと沿岸伝いに進む〔汀線航路〕があり、諸衆は「あゆのかぜ（東風）」などを利用して小型の帆船で汀ごとに移動したが、それはまずもって生活文化の交流だった。糸魚川の翡翠や遠隔地産の黒曜石、アスファルトなど、青森県三内丸山古墳の出土品を見れば、それは先史縄文時代以来の生活文化と儀礼文化の交流証明となるのである。

　5世紀、現在の大阪平野に突如現れた巨大な古墳に新羅などの使節はとてつもないインパクトを受けた、という韓国の考古学者、忠南大学校人文大学教授の禹在柄による音声解説が番組で流されたが、この説明ではまるで、1853年ペリー率いる黒船（蒸気船）襲来に際して、大砲による艦砲射撃音に負けないよう外国奉行が沿岸で太鼓を打ち鳴らしたエピソードと、ほとんど変わらない。当時の築造技術は、大陸や半島から渡って来た職人たちとの合作で成り立っていたのである。また、そもそも半島人は6世紀前半に、百済の武寧王陵（前頁の写真：筆者撮影）など壮大なスケールの墳墓文化を構築しているのである（☆04）。畿内・難波ならではの環境的個別性としての巨大古墳、という位置づけに留めるべきだろう。

　ただし、「巨大」や「前方後円」にまつわって、禹在柄は非常に重要な見解を述べた。古代日韓における古墳の規模を比較し、日本は形の共有（外観）を重視したが、韓国は被葬者への崇拝（内実）を重視した、と。2015年2月に慶州において古墳群および博物館で埋蔵品を見学した私は、禹の解説を「なるほど」と納得した。前方後円墳に対する私の関心も、外観でなく内実だからでもある。

　　エピソード3：4000基の前方後円墳　意外な理由
　　日本全国の「前方後円墳」は、北は岩手から南は鹿児島まで4000以上。
　　これほど広範囲に多数の前方後円墳が築かれた理由は何なのか。実は、前
　　方後円墳はヤマト政権と地域勢力の「同盟のあかし」。古墳時代、国をまと
　　めた原動力「前方後円墳ネットワーク」とは！？

　この説明からは、エピソード1と同様、全土におよぶ前方後円墳造営が

まるで当初からヤマト政権の掌中にあった戦略のように想像される。第一、ヤマト政権自体、初期に戻れば戻るほど、複数の豪族たちによる権力闘争の只中にあった。それは番組でも指摘されていた。「前方後円墳ネットワーク」は、列島各地の豪族と連繋するまえに、畿内の豪族を統率する必要があって生まれたのである。「国をまとめた原動力」の理解範囲はそこまでであって、内外の連合を超えて本格的に統一ができるに際して、ヤマト政権は前方後円墳の築造をむしろ禁止さえしていったことを忘れてはならない。この場面でも、さきほど挙げた明治末期の神社合祀を想起したくなる。

　以上の疑問点を解決するについて、私としては、京都大学で三角縁神獣鏡ほかの研究活動を継続した考古学者の小林行雄（1911-89）と、岡山大学で前方後円墳の起原的研究を深めた考古学者の近藤義郎（1925-2009）両人の業績を比較検討するのが最善と思っている。

　まずは小林であるが、1961 年刊行の『古墳時代の研究』から必要箇所を引用する。

　　〔引用1〕古墳時代とは、すなわち貴族の墳墓として、地上に壮大な墳丘をもった古墳が作られた時代であるといいうる。古墳という貴族の墳墓の豊富な副葬品は、この時代の文化に必要な多くの資料をわれわれに提供してくれる。

　　〔引用2〕貴族とよばれるものの実体を、どのようなものと考えるかがまず問題である。それがたんなる族長であるとか、『魏志』倭人伝にみられる大人とかいうものでは、説明がつかぬことはいうまでもない。（中略—引用者）しいていえば、たとえ系統的にはそれらの独立小国の首長の地位にちかいものであったとしても、のちに大和政権の傘下に編入されて、県主の名をえたと思われるような人々を考えるのがもっとも適当であろうとは考えられる（☆ 05）。

　古墳時代の首長を「貴族」と表現する例を私は知らなかったが、小林は自身できちんと定義している。「のちに大和政権の傘下に編入されて、県主の名をえたと思われるような人々」のことである。地方における古墳の発生を「大和政権」の地方官である「県主」と結びつけ、政権の承認を前提にした、という小林の理解は 1960 年代風であり、古墳時代を「大和時

代」と称していた頃の名残りであろう。ヤマト政権による任命や承認が前提という理解なのである。それはまた、朝鮮半島南端の伽耶地域を「任那日本府」と称していたのと同類の歴史観に支えられている。小林にとっては「大和政権」が日本史の紀元であるようだ。彼の意識の中では、古墳時代や弥生式時代は紀元前、飛鳥時代や奈良時代は紀元後なのである。それはちょうどキリスト教徒にとってイエスの出現が紀元であり、その前後を紀元前・紀元後と振り分けるのと同類だ。

　次に近藤義郎について、1986年刊の岩波講座『日本考古学』第6巻「変化と画期」に収めた「前方後円墳の誕生」から引用する。

　　　どこか特定の地域の集団が自力だけで前方後円墳を創出したとはとうてい考えられない。前方後円墳の誕生の地と考えられる大和において、弥生墳丘墓の実態が十分明らかにされていないため隔靴掻痒の感が深く、したがってなお可能的な推定の域を出るものではないが、おそらく大和を中枢とする畿内諸地域、吉備を主力とする瀬戸内沿岸諸地域、山陰の諸地域の諸集団の連合を核とし、さらに畿内以外の近畿、九州、北陸、東海などの一部が加わったと推定される大連合の下に前方後円墳が創出されたものであろう（☆06）。

　小林と対照的に、近藤はヤマトに必要以上の力点を置かない。「特定の地域の集団」とあるのは畿内の豪族たちのことだろうが、それとは相対的に別個に、「近畿、九州、北陸、東海などの一部」にも前方後円墳創出の動力源を見いだしている。近藤は、諸勢力の連合を畿内の域外にも認めているが、連合の動機をも域外に見出している。そこは小林と大きく相違する。私としては、2020年3月に上越市吉川区で3基の前方後円墳（町田古墳群）が発見された事実でもって、その域に頸城野が入っていたことを示す証であると考えている。

　その近藤は、儀礼文化としての前方後円墳を研究してきた。彼に言わせれば、何を以って前方後円墳とするか、その定義の中に「儀礼」を含ませている。彼の2005年刊『前方後円墳の起源を考える』から引用する。

　〔引用1〕少なくとも「武力＝強制力」だけで前方後円墳秩序が創設

38

されたとは考えがたいのであります。ましてや「神武」といった出来合い
の「大和政権」によって各地の征討がなされ、各族がそれに服従し、その
過程あるいはその結果、前方後円墳の築造が強制されたなどとはとうてい
考えにくいのであります。「考えにくい」だけでなく、そのことを論議する
ほどの確かな材料は、まったくと申してよいほどありません。となると、
やはり倭の統一は、諸族協議の場における言語上ないし文書上のさまざま
な政治的取り決めは別として、今日に残る歴史資料の実体としては前方後
円墳祭祀秩序の成立があるのみであります。たんなる武力統一や征服では、
首長埋葬祭祀の思想とその共通性を根底にもつ前方後円墳祭祀秩序を創設
することも、それを普及していくこともとうていできなかったと思います。
したがって狭義の結果としての倭の祭祀的政治的統一は、具体的には前方
後円墳秩序の成立、ついで拡大・強化として進められたにちがいありませ
ん（☆07）。

〔引用2〕楯築の本当の凄さというのは、前方部の原型とさえ考えら
れる整然とした突出部をもったことでも、大きな石をたくさん運ん
できて据え置いたことでも、また棺槨の構造を複雑かつ重厚に作っ
たからでも、朱をたくさん集めて棺底に敷いたからでもないようで
す。それらも、他の弥生墳丘墓と較べると、断突に凄いと思います
よ。しかし本当の凄さは、おそらくを作り出した祭祀思想と祭祀行為に
ある、と考えられます。つまり、首長に対する埋葬祭祀を特殊壺・特
殊器台で行なうことを始めた点です。大和・河内を含めて他の地域で
は、こういうもの（実用でなくそれには不向きな祭祀専用品─引用者）を
作り出さなかった（☆08）。

　前方後円墳祭祀秩序に言及する近藤であればこそ、弥生墳丘墓から前方
後円墳への連続性を唱えておかしくない。彼が主要なフィールドにしてい
た岡山県倉敷市の楯築弥生墳丘墓からは、首長に対する埋葬祭祀に使用さ
れた多くの祭祀的品々が小円礫堆中から発見された。特殊器台や特殊壺、
勾玉形土製品、人形土製品ほか。ただし、その大半が神事の後で破壊された。
祭祀に使用した後、打ち割られる意味、その目的は何か。その背景を考察
するには、例えばジェームズ・フレイザーの大著『金枝篇』の世界に入り
こむ必要があるものの、ひとことで言えば、先史以来の、神霊＝神体を殺

す呪術行為である。神事の後で破壊されたものの中には神体「弧帯文石」と相似形（体積比９分の１ほど）の「出土弧帯文石」もあった（☆09）。神体には顔面に思える図形が浮き彫りされており、相似形は火炙りにされ砕かれ埋められた。出土弧帯文石は１点のみだから、この儀礼——種々の土器、呪具の破壊を伴う——は一度のみだったようだ。破壊される縄文土偶と共通する呪術的行為であると同様に、器物や生物を含む聖物の破壊は聖性の再生と周囲への聖性の浸透を意味する。神体に刻まれた顔面風の図形は、儀礼を挙行した人々の祖霊よりも、抽象化が進む前の、過去に生きた首長たちの面影と理解するのが順当だろう。そうした先史的遺風を残した首長埋葬儀礼は、やがて抽象化し、祖霊＝神霊を体現する首長自身への崇拝に転じ、さらには政治的指導者たる首長への崇拝儀礼に転化する。首長自身を神の座につけるほどの政治的組織ができていったのである。その先に大王陵の如き前方後円墳が登場してくるのだが、初期の前方後円墳には、近藤が推定したように、弥生墳丘墓にまつわる祭祀儀礼が備わっていたことだろう。

２．技術（工人）は王権に従属せず

　本節では、前方後円墳から少し離れて、古墳から出土した三角縁神獣鏡に関係する考察をなす。ここでも小林は登場するが、彼の相手をする研究者は、銅鏡復元研究を専門とする鈴木勉である。彼は 2016 年に刊行した『三角縁神獣鏡・同笵（型）鏡論の向こうに』において、次のように記している。

　　〔引用１〕三角縁神獣鏡の最終仕上げ加工痕の分析から、各地の三角縁神獣鏡が出土古墳近くの地域で一括生産されたことを突きとめた。さらにその工人らの「出吹き」によって生産が行われ、彼らの本貫の地を大和盆地内と推定した。（中略—引用者）つまり、小林行雄氏が提起した「三角縁神獣鏡中国製作説」ならびに「大和王権による各地豪族への下賜説」を覆すものである（☆10）。
　　〔引用２〕筆者は「前方後円墳文化論」を提起したいと考えている。政治・武力による前方後円墳体制論を描くことはもはや出来ない。となれば、こ

れだけ全国に分布する前方後円墳については、政治的な支配を示す「前方後円墳体制論」ではなく、力の関係においては未だ「部族連合」の域にあって、ヤマト王権を中心とする「前方後円墳文化」だけが広まった現象の一つが、三角縁神獣鏡の出吹きであったと考えたい（☆11）。

　小林行雄の「三角縁神獣鏡中国製作説」および「大和王権による各地豪族への下賜説」は鈴木の銅鏡製作技術論的復元研究の前に一歩後退を余儀なくされた。鈴木の説について、私は日本への鉄砲伝来について、同じような学説を支持した覚えがある。1543年種子島に伝来された鉄砲は、技術面ではポルトガル由来だろうが、制作はマカオとか東アジアのポルトガル領で行われたということである。その証拠に、種子島の鍛冶たちが苦労の末ではあるが制作に成功し、以後急速に日本各地で製造されるようになった。古墳時代に、畿内の鍛冶たちは各地の豪族のもとへ「出吹き」すなわち出張して三角縁神獣鏡を現地量産したのだった。また、大王と地方の有力豪族の間では政治的な取引だったかも知れない三角縁神獣鏡の量産体制は、工人たちにすれば技術移転の場、広く文化交流の場であったわけである。
　また、技術（工人）は王権に従属せず、とする立ち位置はヤマト政権が全土を掌握する以前の、儀礼文化が儀礼文化のままで、あるいは技術でなく呪術が地域社会に貢献していた時代の原理である。王権の前に祭祀権が重きをなしていた時代の原理である。神鏡の伝播は儀礼・信仰の伝播、いや神そのものの伝播だということである。道具にわが魂が宿り、われに道具の魂が宿る工人にとって、鏡（モノ）に神霊（コト）を象ること、それが一番重要なポイントなのである。日本各地に前方後円墳の築造技術が行き渡ったということは、近藤が岡山県倉敷市の楯築遺跡で掘り出したような先史的儀礼が、同じように各地に行き渡ったということなのである。近藤はモノとしての遺跡でなく、コトとしての文化を探り当てたのである。これまでの古墳研究者は、政治的・外交的な次元で前方後円墳を論じてきた。世界遺産を念頭に作成されたNHKの番組はもっぱらその観点で編集されている。おそらく、番組編集者に先史的儀礼の重要性など眼中にないのだろうと推測する（☆12）。古墳の設計者・技術者は野見宿禰を神話上の祖先とする土師氏の出身だが、彼らは本来モノの設計者である前にコトの表

現者であったはずだ。

　近藤や鈴木の斬新な研究視点、新学説の提起とその成果は、文献のみに依拠したテキストクリティークでは得難い。古代日本の文物制度はすべからく畿内勢力、ヤマト政権のもとで生まれ、そこから全土に政治的・軍事的に伝播した、という見地に立つ論者には、近藤や鈴木のアウトサイダー的主張はなかなか受け入れられない。通説の背後には学問的権威＝インサイダーや官許アカデミズムが存在している。こちらを相手に孤軍奮闘せねばならないからである。

　ここで、事例は飛鳥・奈良時代にとぶが、その孤軍奮闘の一例を以下に紹介する。わが恩師にあたる家族史研究・正倉院籍帳研究の布村一夫(1912-1993) は、1988年ごろ、私によく、飛鳥時代から平安時代まで (7-12世紀) の日本は「プロト封建制」だったと話していた。布村の主張を私なりに整理すれば、大化改新で出現した班田農民は、奴隷でなく農奴あるいは隷農である。田租は生産物地代であり、班田農民は生産物地代を支払う公民である。また輸租田 (租を納める義務のある田) である口分田 (公地) の班給を受ける班田農民は賤 (私奴婢) をかかえる良民である。さらには、雑徭を課された班田農民は自らの労働用具を持ち、国司 (政府) は農民らに食糧を与えない。つまり、班田農民は労働地代を支払う農奴ということになる。ところで、労働地代 (賦役) の段階に対応する農民は農奴 (サーフ、ヴィレン、ライプアイゲネ) であるが、労働地代でなく生産物地代の段階に対応する農民は隷農 (ヘーリゲ) である。そうであるなら、労働地代を課されるもののそれ以上に生産物地代 (田租) を課された班田農民は、隷農である。それに対し、大化改新前に豪族の私有地 (田荘) を耕作していた部民は農奴である。つまり、7-12世紀の日本はプロト封建制だったのである (☆13)。

　私はここで、布村の班田農民＝隷農、部民＝農奴の当否を議論するつもりはないが、研究姿勢そのものは日本古代史に豊かな議論を提供するものと思っている。なにしろ、布村の分析でみると納税する班田農民は、法律面では、明治大正昭和前期の寄生地主制下で呻吟する納税なき小作農よりも自由で独立している。歴史解釈に大胆な布村同様、近藤の前方後円墳祭祀秩序説、鈴木の「出吹き」という身体的移動を介しての前方後円墳文化は、ともに日本古代文化史に豊かな議論を提供するものである。班田農民

は本稿に直接の関係をもたない話題であるが、オーソドキシーに挑戦する一例として意味があると思い、紹介した。

3. 先史のキョウダイと文明の夫婦

古墳の中には人骨も残されている。そこで、形質人類学と考古学のコラボレーションから、ある素晴らしい新学説が登場した。一つの石棺に合葬されていた男女について、これまで2人を夫婦とする解釈が主流だった。だが、人骨を科学的に調査した結果、そのほとんどが血縁者同士だったのだ。男女の血縁者となると、兄弟姉妹関係にある人骨ということになる。その課題を突き詰めてきた研究者に田中良之がいる。2008年に刊行した『骨が語る古代の家族—親族と社会』において、彼は以下の記述を示した。

〔引用1〕さらに私は、考古学と形質人類学による親族関係分析に基づいて、父系化と経営単位としての家族の成立はわが国においては五世紀後半であることを示してきた（田中良之『古墳時代親族構造の研究』柏書房、1995年）。その内容は次章以降に示すことになるが、つまりは、現象としての「住居群」は旧石器時代から常に存在するとしても、その内容は歴史的に変化しており、弥生時代にはまだ「成果の私的占有を行う」家族は成立しておらず、したがって農業協同体は成立していないとみるべきなのである（☆14）。

〔引用2〕弥生時代には確実に認められた同じ棺への男女の埋葬は、前田山遺跡の分析からキョウダイであると推定された。では、それは古墳時代へとそのまま継承されたのだろうか。私はこれまでの研究で、古墳時代前半期の埋葬原理が双系のキョウダイ関係であることを示してきた（田中良之『古墳時代親族構造の研究』柏書房、1995年）。ところが、その後も、同じ棺あるいは同一埋葬主体に葬られた男女が夫婦であるという理解は根強く残っている。しかし、その根拠はきわめて情緒的であり、「二人分のくぼみを彫った石枕に頭部をおいた男女二体（中略—引用者）二人の被葬者は夫婦と考えるのが自然だろう」（春成秀爾「葬制と親族組織」『展望考古学』考古学研究会、1995年）といったものにすぎない（☆15）。

田中が「キョウダイ」と片仮名書きする場合、それは「兄妹・姉弟・兄弟・姉妹」の総称である。上記引用2例によれば、ようするに、古墳時代前半期には未だ父系家族とそれに応じた葬制になってはいないのである。彼は、1995年刊行の『古墳時代親族構造の研究─人骨が語る古代社会』で、この議論をまずは小林行雄の父系家族論に体当たりさせる。

　　〔引用3〕まず、古墳時代の後期に関しては、夫婦を中心とする家族墓であったとする小林（行雄─引用者）の説に大きな異論はなく、前期の被葬者に関して意見が分かれているということである。これは、同世代男女をどう見るかという点と、女性単体埋葬の評価で各説がある。前者については、夫婦とする説と、兄妹（姉弟）のいわばヒメ・ヒコであるとする説があり、後者については、首長の妻、出自集団内の女性などの考えが示されている。しかし、その他の埋葬者の組み合わせも存在することから、これらを包括的に説明しうる基本原理を抽出する必要がある（☆16）。
　　〔引用4〕後期に関しては小林の説に大きな異論はないと記したが、筆者らは、5世紀後半から父系の父子関係が強化されて、6世紀に家長の配偶者が葬られはじめることを指摘し、4〜5世紀代がキョウダイ原理で葬られることと合わせて、古墳時代には3段階で埋葬原理が変化することを示してきた（☆17）。

　小林は、1960年代の旧態依然たる主張からはたしてどのくらい自己変革したか、私は詳しくは追跡していない。それよりも、田中がここで「ヒメ・ヒコ」に触れているところに説明を加えてみたい。仮に、卑弥呼とその兄弟が同じ棺に葬られたと想定したようなケースである。私は、こうした合葬はおおいにあり得ると思っている。先史以来の氏族社会、とりわけ農耕を主たる生業とする母系社会では、母（妻）の連れ合い、すなわち父（夫）は別の氏族にいる（☆18）。子どもたちは母の兄弟、すなわち母方オジに狩猟・牧畜などの技術を教わる。こうして母系氏族では母方オジとオイの関係は深まるばかりである。母方オジが葬られた棺に、やがてオイが追葬されることは自然ではなかろうか（☆19）。しかも、この2人は母方の血縁関係にある。血縁関係にある男性の大人と子どもの合葬を単純に想像すると父子と判断される。しかし、母系氏族社会では、相互に族外の関係に

44

ある父子の合葬はまずありえない。田中は、そのケースまで見抜いてはいない。しかし、弥生墳丘墓とその後の前方後円墳の双方に血縁男女の合葬を確認したことはたいへん意義深いことである。

　単純化し過ぎと非難されることを覚悟して、人類社会を以下のように先史（族外婚）と文明（単婚）に区分してみる。財産管理の面から、私は以下の4類型を想定している。①母系直接相続（母から娘へ）、②母系間接相続Ⅰ：母の兄弟（オジ）から母の息子（オイ）へ、③母系間接相続Ⅱ：母の夫から娘の夫へ、④父系相続：父から息子へ。以上4種のうち①だけは女から女へという女系だが、②は氏族内の男（オジ）から男（オイ）へという男系であり、③は氏族外の男（義理の父）から男（義理の息子）へという男系であり、④は完全な父系である。弥生墳丘墓ないし初期の前方後円墳で年齢の近い男女の合葬があれば、それはキョウダイであり、年齢差のある男子の合葬があれば、それはオジ・オイである可能性が高い。7世紀に入ってヤマト政権下の社会が階層化すると、先史氏族内のキョウダイ合葬やオジ・オイ合葬に代わって文明家族内の夫婦合葬や父子合葬が現れてくるといえよう。

4. 玉と金

　2020年10月にわが故郷、上越市吉川区の山林で前方後円墳が3基も発見された。たいへん喜ばしいことである。それ以前、上越市を含む頸城野について、各地で発掘された古墳を所在地で大別すると、以下の3群に整理できる。①矢代川流域―黒田、観音平、天神堂、小丸山古墳群（約150基）、②櫛池川流域―菅原古墳群（約30基）、③飯田川流域―高士、宮口、水科古墳群（約10基）。①に属する小丸山古墳群を除いておおよそ扇状地に造営されている。また、それらの多くは信越往還の交通圏域に位置している。時代的には後期（ほぼ6、7世紀）に造られたとみられる。古墳の形で考察すると、前方後円墳をなす菅原古墳群、大型の古墳があって中小古墳が付随する天神堂古墳群、ほぼ同じ規模の古墳からなる黒田・小丸山・高士・宮口・水科の各古墳群に分けられよう。そのほかに、横穴式石室をもつ水科古墳群、瀝青（アスファルト）を塗った土玉の出土する宮口・高士の各古墳群が特筆される。

本稿で主題とする前方後円墳では、菅原古墳が目を引く。後期（6世紀）の造営で、全長約30メートル、前方部高さ1メートル、後円部高さ1.8メートル。残念ながら保存状態がひどく、墳丘部には杉が植林され、盛土はほとんど失われて天井石と見られる石が一部露出している。したがって、この古墳から何かを読み取ろうとしても限界があった。そこへ、このたび新たに3基の前方後円墳が発見されたのである。所在地にちなんで町田古墳群と命名された。

　この地方すなわち頸城野という地域は、古代にあって、クビキつまり頸（クビ）と城（キ）あるいは岐（キ）、ようするに境界地域として知られていた。その頸城野の古墳時代について、仏教美術史家の平野団三（1905-2000）は次のように記している。

　　古墳時代は先史弥生時代から歴史時代へ推移する過渡期ともいえる。しかし頸城或いは中、下越、佐渡の古墳群は六、七、八世紀にわたるものであるとされている。実に永い期間にわたって遺風が残されていることに注目したい。前方後円墳は高田平野二、中越一、を数えるに過ぎない。上越後の古墳の流入経路は日本海岸をつたって加賀、能登、富山方面からの路線と、中部山岳地帯より信濃を経て入る二つの路線が認められる。その合衝点が高田平野であるといえよう。北陸海岸線づたいにも或る程度の古墳が存在したものであろうが、現在は煙滅しており確認されていない。ただ糸魚川市一宮附近に円墳群があったことは、故小松芳春氏の記録にあり、春日山麓古墳から環頭太刀柄頭、鳥頸太刀柄頭、鈴鏡片、馬具片、銅鈴、玉、鏡、須恵器が清野謙次博士の古図類纂集古集に紹介されている。したがって、上越後海岸線の断崖の多い狭少な地域に古墳群の大集落があったとは考え難い（☆20）。

　ここで平野が古墳時代の年代幅を8世紀にまで取っている点が興味深い。畿内ではすでに飛鳥・奈良時代に達していても、明治期になって「裏日本」と差別化される越後では依然として古代が続いているという認識、それは正しいのである。

　その平野が頸城野で活躍した時期は20世紀に収まるが、21世紀に至って、上越市には弥生から古墳初期にかけての集落遺跡が発見された。上越

市大字稲荷字吹上の吹上遺跡（弥生中期中葉〜古墳前期、2000-2005年調査）と
上越市大和五丁目字釜蓋の釜蓋遺跡（弥生後期中葉〜古墳中期、2005-2007年
調査）である。関係調査報告書によれば、前者からは黒曜石製遺物、管玉、
勾玉、翡翠製の剥片・未成品、磨製石包丁、大型直縁刃石器、銅鐸形土製
品、小松式土器、栗林式土器などが出土し、後者からは木製品、土器、勾
玉、翡翠製勾玉製作資料、ガラス小玉、フイゴの羽口などが出土している。

　注目するべきは、やはり管玉・勾玉工房跡である。糸魚川地域を原産と
する翡翠は、弥生時代ともなれば、未加工のまま頸城平野から南方の丘陵
地帯へ運ばれ、そこで玉製品に加工されていた。翡翠は金のような貨幣的・
蓄財的価値のみをもって交易の対象とされたのではない。翡翠は玉である
から、むしろ規範的・儀礼的意義をもって交流されたのである。先史の精
神はギョクに象徴されるのであって、キンで品定めされるものではなかっ
た。文明時代がキンに象徴されるとするならば、先史はギョクに象徴され
る。先史古代人にとって、ギョク（神聖なる魂）はキン（武威の象徴）にとっ
てかえることのできない生命活動の要だったのである。

　例えばイギリスの人類学者ジェームズ・フレイザー（1854-1941）が、完
成まで40年以上を費やした畢生の大作『金枝篇 “*Golden Bough*”』に記し
た資料を読むとよく理解できる。

　　　古代人は宝石の呪術的性質を非常に重視していた。実際、宝石が単なる装
　　　飾品として使用されるずっと以前から護符として使用されてきたというこ
　　　とについては、有力な証拠がある。ギリシア人は木目のような模様のある
　　　石を木メノウと名付けて、耕作の時この宝石を二つ牛の角か首に結び付け
　　　ると、豊作は間違いないと信じていた（☆21）。

　さて、本題は前方後円墳である。上越市で新たに発見された古墳群に、
いったい何が埋蔵されているだろうか。3基に相互の関係はあるやなしや。
その調査報告がそろってみないと、本稿本節の考察をこれ以上先へ進める
意義は弱い。そこで、次節では地理的に日本海沿岸の分岐点に位置する頸
城野の地名にことよせて、弥生時代から古墳時代におけるヤマト vs クビ
キの関係史を推定してみることとしたい。

5. 夷守と夷君

　歴史評論家の関裕二は、2015年刊行の著作『信濃が語る古代氏族と天皇』で、日本神話で活躍する建御名方神（タケミナカタノカミ）の逃避行に関して、以下のように記している。『先代旧事本紀』で大己貴神（オオナムチノカミ、大国主）と高志沼河姫（コシノヌナカハヒメ）の御子神とされているタケミナカタの「伝承が、日本海→信濃川→飯山→長野→上田→武石峠→松本→塩尻→諏訪と続いていた」、「持統天皇の時代に「信濃の諏訪と水内の神」が尊ばれ、それがタケミナカタを祀る神社という共通点で結ばれていく」（☆22）。この経路を、いま仮に〔北陸汀線・信濃川曳舟遡上系〕としておく。

　その経路途中の頸城野沿岸、上越市茶屋ヶ原に乳母嶽神社が鎮座する。伝承によると、安寿と厨子王の乳母が、この神社に葬られているという。「乳母嶽神社」案内板を見ると「源義朝の家来、野宮権丸郎が落ちのびて、この地に隠棲したとき、海より霊像を得て奉り、乳不足の婦人が祈願したら乳が出るとお告げがあった」とある。この神社にはまた「諏訪社」があり、タケミナカタの伝承が残っている。ほかの伝承によればタケミナカタの母ヌナカハヒメ終焉の地でもある。

　この神社の鳥居には「加具奴知命」と記された扁額が掛けられている。これは神代七代の最後に登場するイザナミが生んだ火の神カグツチである。母のイザナミを火傷させ死に追いやったことで、父イザナギに切り殺され、その血から、やがて国譲りを巡ってタケミナカタを信濃へ逃避させた建御雷神（タケミカツチノカミ）ほか様々な神が生まれた。

　そこまではヤマトでなくイヅモとクビキとの関係史（神話）であるが、次にはヤマトとクビキの関係史に移る（☆23）。

　既に一部は触れた内容であるが、新潟県上越地方を古名では「頸城」あるいは「久比岐」と記した。「頸」は文字通りの意味、「岐」は「ふたまたに分かれる」の意味。同音の「柵」は防備の砦、辺境を意味する。したがって、古代の上越地方には辺境防備の砦である「柵」が置かれたと思われる。事実、647（大化3）年には下越地方に淳足柵が設置され、翌年には磐舟柵が設置されて、対蝦夷防備・制圧策が強化されている（日本書紀25、考徳天皇三年、四年）。

それからまた、桑原正史「古代頸城郡の五十公郷と伊神郷」に次の記述がある。

　〔引用1〕上越市大字下野田字延命寺遺跡から出土した21号木簡は、『伊神郷人』（と記されているが）本稿は（中略―引用者）伊神のヨミ、及び、伊神郷と主に頸城郡五十公郷の異同を検討するものである。
　〔引用2〕6世紀ごろ、物部氏系氏族がたびたび朝鮮半島に派遣されており、同時代の物部氏系でイキミの名をもつ物部印岐美連や印岐美命と同人の可能性がある（☆24）。

　このように、頸城野は地名一つをとってみても研究素材の宝庫である。
　さて、ヤマトの勢力が及ぶ以前の頸城地方には、いわゆる蝦夷と総称される先住民が暮らしていたとされる。また、彼らが住む地域をひろく蝦夷地方と称している。ところで、蝦夷の蝦は、漢字伝来以前の古代において「ゐ・ヰ（wi）」と読んだ言葉への添え文字である。添え文字があてがわれる前にまずは訓読み「ゐ・ヰ（wi）」があって、のちに漢字「蝦」ないし「蝦夷」があてがわれた。したがって、訓読みを重視するならば、「五十君」の旧名「夷君」は、本来の意味は「蝦君」であったかと思われる。「夷」も音読みで「い」と称するが、この漢字が伝わる以前から「ゐ」という発音はあったのである。その内実はヤマトからみたなら異民族である。
　また、同様に訓読みを重視するならば、「美守」の古名「夷守」は、意味を漢字で記すとしたなら、もとは「鄙守」であったかと思われる。その内実はヤマトの辺境、鄙びた地を守る内地人あるいはヤマトに懐柔された異民族出身者である。平安中期に成立した『和名抄（和名類聚抄）』には「夷守」と記されている。漢和辞典的な編集で特徴づけられる『和名抄』は、和名を漢語で表記するに際して「ひなもり」を「夷守」と表記したのだが、それはおおいなる失敗だった。そのせいでベクトルの向きが曖昧になった。ヤマトと対峙する「夷君」と、蝦夷と対峙する「夷守」の区別が曖昧になったのだ。私は、いまのところそのように解釈している。
　頸城文化のフィールドワーカー平野団三は、「古代頸城文化の内証」（1955年2月）において、次の記述をなした。

既に史上八世紀には越後は中央朝廷の重要な拓殖宝庫であり、五公夷守郷は広大な地域でその生産的役割を果たしていたことが知られる。恐らく大化期の越の燃ゆる水の献納は東頸城郡牧村の石油であったかも知れない。何故なれば鉱床甚だ浅く今も手堀り涌出の状況であるからである」。「更に驚くべきことは美守村（現在の三和区）錦より始まって吉川村（現在の吉川区）原の町附近で終わる、延々一六キロメートルにわたる二百有余の大列塚群である。恐らく棚の如き使用目的を持つものであろうが、峯は単線、谷は複線、鱗形処々に上杉村存北代字浮島の如く出張りを築き、防禦の方向は五公郷東頸城方面を指向しているという事実がある。これは、恐らく国府の外郭線前衛夷守であったであろう。かくして夷守の地名が起こると考えられるのである（☆25）。

　読まれるごとく、「夷守」（のちの美守）は「国府の外郭線前衛夷守」、つまりヤマト辺境の地を守る人「ひなもり」と理解されている。この記述は私の研究意欲に火をつけた。頸城文化に特化して私に親しく教授してくれた平野翁はあえて深入りしなかったが、私は漢字で表記される以前の、先史時代の「ゐぎみ」「ひなもり」の意味を問うこととしたのである。私なりに整理すると、以下のような系列が出来上がる。ヤマトの頸城進出時には「ゐぎみ」（蝦夷の一派）、「ひなもり」（ヤマトの一派）と呼んでいた対の2語は、平安中期『和名抄』の頃からは「夷君」「夷守」と記されるようになり、共通する「夷」のせいで両者の区別は曖昧になった。後世に至りて意味の違いが忘れられただけでなく、さらには「夷」の字は疎まれ、たんに「五公、五十君」「美守」と、尊く美しく表記されるようになったのだろう。
　以上の〔夷守と夷君〕考察は、むろん、2020年3月に発見された前方後円墳に関係している。しかし、この考察はヤマトとクビキ、イヅモとクビキ、という組み合わせにおいて尽きるものではない。それらを大きく包含する交流圏、古代日韓文化交流圏に関係するのである。よって、本章の最終節で、このテーマを検討する。

6.〔北陸汀線・信濃川曳舟遡上系〕の事例

くり返すが、私は、弥生時代〜古墳時代には朝鮮半島南岸・東岸から海流に乗って日本海を横切り、能登、佐渡、越後地方へと沿岸の港や汀(なぎさ)を結ぶ渡航ルート（汀線航路）があったと考えている。さらには、現在は新潟市に河口を有する信濃川や上越市に河口を有する関川、糸魚川市に河口を有する姫川をはじめとする越後沿岸の河川を遡上して関東地方に向かう列島横断峠越えルートを予測している。前節で仮に示しておいた〔北陸汀線・信濃川曳舟遡上系〕である。国家形成以前、半島・列島諸衆の移動は、征服よりも移住が目的だったろう。以下にその根拠を列記する。

①新潟県胎内市の天野遺跡（信濃川近辺、朝鮮半島で作られた陶質土器が出土）。

②新潟県南魚沼市六日町の飯綱山古墳群（信濃川の支流にあたる魚野川流域、朝鮮半島由来の可能性が高い鉄鉾、砥石、馬具が出土）。

③長野県木島平の根塚遺跡（千曲川近辺、渦巻文装飾付鉄剣、鍛造の高度技術と共に、渦巻文装飾から考えて朝鮮半島の伽耶方面から来たる）。

④長野県長野市の大室古墳（千曲川流域の積石塚は高句麗の墓制積石塚、特徴的な合掌形石室は百済の墓制と関係）。

⑤長野県須坂市の八丁鎧塚古墳（千曲川流域の高句麗の墓制積石塚、半島南部に由来する鍍銀銅製獅噛文銙板(しかみもんかばん)）。

⑥長野県千曲市埴科、松本市針塚等の高句麗人名（「真老(まおい)等は須々岐」に改名、『日本後紀』桓武天皇延暦十八年）。

⑦長野県千曲市の翡翠（円光坊遺跡や屋代遺跡群で出土した翡翠は、汀線文化の一つとして信濃川を遡った）。

⑧長野県上田市の武石古墳（九州の弥生時代集落吉野ヶ里で作られた巴形銅器のうち、あるものは北陸沿岸を経由して北信濃の武石へ、海をわたって韓国南部の伽耶へ、それぞれもたらされたのだろう）。

⑨群馬県渋川市の金井東裏遺跡（6世紀に榛名山の噴火で埋没した人骨、父親が渡来集団の一世で、男性は日本で生まれた二世なのかもしれない。いずれにせよ渡来して間もない。信濃川・千曲川遡上の有力な根拠）。〔北

陸汀線・信濃川遡上系〕の事例。

⑩群馬県高崎市の保渡田古墳群（金銅製飾履は半島南部、伽耶・新羅に由来）

⑪保渡田古墳群の周辺（高崎市箕郷町下芝）には下芝谷ツ古墳という高句麗に起原を有すると推測できる方形積石塚、半島由来の金銅製の飾履や土器など、明らかに半島からの渡来人が居住していた。〔北陸汀線・信濃川遡上系〕の事例。

⑫剣崎長瀞西遺跡（高崎市八幡町）にも積石塚や半島由来の土器など、明らかに半島からの渡来人が居住していた。〔北陸汀線・信濃川遡上系〕の事例。

⑬『続日本紀』霊亀 2（716）年 5 月 16 日に、駿河、甲斐、相模、上総、下総、常陸、下野から高句麗人 1,799 人を武蔵国に移し高麗郡を設置したとある（⑬は遡上の直接的結果でなく奈良時代の国家的政策の事例だが、先住の高句麗人が生活していたと推定できる）（☆26）。

　　以上に列記した〔北陸汀線・信濃川曳舟遡上系〕の仮説・試論の参考とするため、考古学者森浩一（1928-2013）の考察を以下に引用する。

　　〔引用 1〕積石塚というのは日本では長野県が一番多いんです。普通には長野県に積石塚を残したのは比較的新しい「帰化人」、つまり高句麗と百済の滅亡の前後に渡来したというんですけれども、辻褄が合わない。積石塚は高句麗では古い時期にしかないんです。それに高句麗や百済の滅亡のころには向こうも土塚なんです。そうするとおそらく日本海航路で来ておったと思うんです。
　　信濃あたりに朝鮮的集団が入ってくるのは、高句麗や百済の滅亡の時期よりももう百年も二百年も前に入っていたと思われます。その一派が関東にどんどん入ってくるんですね。そこで関東地方におびただしい後期古墳を残している（☆27）。
　　〔引用 2〕新羅王国の古都慶州の古墳群は、俗に積石塚と称される平野地帯の古墳と、横穴式石室をもった丘陵地帯の古墳群に大別され、前者の方が古い時期に構築せられたものであることが（中略—引用者）明らかにされた（☆28）。
　　〔引用 3〕信濃の高井郡（現・長野市松代町）に大室古墳群がある。積石塚で

構成され、高麗（高句麗のこと―引用者）の習俗とみられる。ただし本場の高麗（高句麗のこと―引用者）では、都を平壌へ南下した五世紀初頭には積石塚の造営はすたれ、地方で細々と造営されていた（☆29）。

　森浩一は、小林行雄ら考古学の権威・重鎮を向こうにして三角縁神獣鏡の国産説を打ち出すなど、私からみると〔まつろわぬ考古学徒〕の代表である。私もまた、〔まつろわぬ社会哲学徒〕を自任している。私の〔信濃・上野古代朝鮮文化の信濃川水系遡上説〕は、現在のところ、長野県埋蔵文化財センター勤務の川崎保ほかに評価されている。かつて森浩一が研究室を構えた同志社大学出身の考古学徒で、もう一人の〔まつろわぬ考古学徒〕である、と私は川崎を評価している（☆30）。

むすび

　本稿の論述目的は前方後円墳の考察である。だが、見える形式（モノ）としてでなく見えない内実（コト）に焦点を合わせている。弥生墳丘墓から前方後円墳に至るあの造形（モノ）でもって、造営者たちはいったい何（コト）を表現したかったのか。それは墓地でもなければ要塞でもない。楯築墳丘墓に向かい合う近藤義郎の眼目にあった「祭祀思想と祭祀行為」の実現である。それは、私のフィールドワークを前提にすれば、先史古代の地中海海域に営まれた儀礼〔ドローメノン（神態的所作）とレゴメノン（神語的唱誦）〕に比肩される。『古代の芸術と祭祀 *Ancient Art and Ritual*』の著者ジェーン・エレン・ハリソンは、その中で、「神は儀礼から出た」と述べている（☆31）。日本全土に 4000 基も出現した前方後円墳には、中央から派遣された土師氏たちとともに、地域の工人たちがかかわっている。地域の工人たちは畿内の大王陵を模写していたわけではない。ヤマト政権が遣わした土師氏の持参した設計図どおりに仕上がるはずはない。外見と内実の双方を模写しているのではないからである。ある意味で、技術（工人）は王権に従属せず、なのである。出土する副葬品が関西も関東も、いずこも似たり寄ったりだ、と観念していては内実の研究は進まない。先史のキョウダイと文明の夫婦をとり間違えていては、前方後円墳に対する無理解は続くばかりである。考古学者木下尚子は「装身具と権力・男女」にこう記

している。玉と金にしても「古墳時代の装身具は、権力のレベルを示すことに最大の意味が求められたためにその重点は外見に移り、呪力如何は重要な条件ではなくなっていった」（☆32）。

　そうした私の問題関心にとって、最大の史料となっているのは楯築弥生墳丘墓に伝わる神体「弧帯文石」と、神事の後に火で焼かれて破壊され埋められた、神体の相似体「出土弧帯文石」である。あの古の儀礼に、弥生墳丘墓から前方後円墳に引き継がれたものの忘れ去られていった「祭祀思想と祭祀行為」の実際が詰まっている。その墳丘墓儀礼の内実――文明的な理念でなく先史的な感念――を探究し解明すること、それこそが長く〔神仏虐待儀礼 ”fetishism”〕を追究してきた私の課題であると念じている（☆33）。その営為こそ、先史と文明を仲介する前方後円墳の儀礼文化を探究する作業と重なるのである。

　なお、最後に一言する。冒頭でNHKテレビ番組「歴史秘話ヒストリア」で挙げられていた３つのエピソードについてだが、私のようなアウトサイダーからすればかようなマイナス評価となるだけであり、世界遺産を目前にした記念テレビ番組として、たいへん見ごたえのあったことを申し添えておきたい。

注

01 近代社会は職場と住まいの分離や社会的労働と家事労働の分離が当たり前だが、前近代に主流だった農山漁業・牧畜・遊牧の生活で、それらは一体だったのであり、労働や娯楽の概念も違っていた。〔踊る埴輪〕のモデルとなった人々は、あのスタイルで馬を曳いていたのである。馬と人間の交流にとって、あのスタイルは自然なのである。踊って歌って日々の生業を組み立てている事例は、世界各地の諸民俗において確認できる。大正・昭和前期に活躍した社会学者の権田保之助は『民衆娯楽論』を刊行し、その中で娯楽（あそび）に関する三つの定説を紹介した。①客観的存在説。②過剰勢力（ゆとり）説。③再創造（リフレッシュ）説。そのうち第一のものはこうである。芸術鑑賞、スポーツ観戦などは娯楽であって、それは「客観的に存在しいるものと為すものであって、具体的なる表現の種類によって娯楽と然らざるものとが区別さるべきものであると為す」説。しかしその説は間違いだと、権田は批判する。例えば、演劇を研究する演劇研究家にとって観劇は仕事であるし、魚をとっ

54

て生活する人に釣りは仕事である。プロ・ゴルファーのタイガー・ウッズにとってゴルフは娯楽でなく仕事であろう。お金をもらって人を楽しませる活動はみな娯楽でなく、娯楽を提供する仕事である。『民衆娯楽論』巌松堂書店、1931年（『権田保之助著作集』第2巻、文和書房、1974年）、192-196頁、参照。

02「感念」は私の造語である。以下に、別稿からの引用で簡単な説明をなす。

グレコ・ローマン時代人から語り始めるヘーゲルには、「理念 "Idee"」は理性・理性知と切り離せない。しかし文字をもたない非ヨーロッパ諸民族の数千年にわたる〔身体知〕〔感性芸術〕の成果、それを理念と呼ばずに何と呼べばよかろうか。あえて区別するならば、理性知と一致する「理念 "Idee"」でない、感性知・身体知と一致する概念、私の造語で言えば、「感念 "Sinn"」——感性知・身体知すなわち感念——を想定する新時代に来たっているのである。ドイツ語の "Sinn" には当たらずとも遠からずの概念が備わっていると思っている。拙稿「感性文化と美の文化—バウムガルテン・ヘーゲル・フレイザー」『頸城野郷土研究室学術研究部研究紀要』Vol.6/No.17、2021年、13頁。

03 NHK歴史秘話ヒストリア、2019年5月29日放送分のバックナンバー「巨大古墳誕生 世界遺産目前！百舌鳥・古市古墳群」。

https://www.nhk.or.jp/historia/backnumber/384.html

04 武寧王陵墓を含む朝鮮半島（韓国内）の遺跡・遺構を、私は1990年代から計6回調査見学し紀行エッセーにまとめてある。その一つを以下のサイトで参照。

「百済文化調査紀行 2016.02.22-27」、『頸城野郷土資料室学術研究部研究紀要』、Forum1. 2016年。

https://www.jstage.jst.go.jp/article/kfa/2016/1/2016_1/_article/-char/ja

05 小林行雄『古墳時代の研究』青木書店、1961年、137頁、139頁。

06 近藤義郎「前方後円墳の誕生」、岩波講座『日本考古学』第6巻「変化と画期」、岩波書店、1986年、214-215頁。

07 近藤義郎『前方後円墳の起源を考える』青木書店、2005年、220-221頁。

08 同上、62頁。

09 フレイザーとその著作『金枝篇』については、以下のものを参照。フレイザー著、石塚正英監修・神成利男訳『金枝篇—呪術と宗教に関する研究』（全10巻）国書刊行会、2004年〜現在第9巻まで刊行。また、神殺しに特化した参考文献として以下の拙著を参照。石塚正英『フェティシズムの信仰圏』世

界書院、1993 年。御神体と相似形の「弧帯文石」については、以下の文献を参照。福本明『吉備の弥生大首長墓―楯築弥生墳丘墓』新泉社、2007 年、62-63 頁。

10 鈴木勉『三角縁神獣鏡・同笵（型）鏡論の向こうに』雄山閣、2016 年、244-245 頁。

11 同上、251-252 頁。

12 モノにはコトが宿る。それをアイヌのカヌー造りで解説した拙稿を参照。「〔らんこ〕に聖性はあるか―二風谷の思い出」、『頸城野郷土資料室学術研究部研究紀要』Forum60、2020 年。
https://www.jstage.jst.go.jp/article/kfa/2020/60/2020_1/_article/-char/ja

13 布村一夫「班田農民は隷民（ヘーリゲ）である―ジョーンズ小農民（ライオット）地代の誤解によせて」、熊本家族史研究会編『史学史の窓』第 7 号、第 8 号、1990 年、3 月、6 月。同『正倉院籍帳の研究』刀水書房、1994 年、所収。

14 田中良之『骨が語る古代の家族―親族と社会』吉川弘文館、2008 年、29-30 頁。

15 同上、84 頁。

16 田中良之『古墳時代親族構造の研究―人骨が語る古代社会」柏書房、1995 年、52 頁。

17 同上、52 頁。

18 先史社会の経済活動は、大ざっぱに概観して、①農耕と②遊牧の 2 種類に大別される。それを系譜で判断すると、①は母系制で、②は父系制である場合が多い。私はこれまで①について多くを論じてきた。対して②についての考察は怠ってきた。ここにきてようやく、近々刊行を予定している以下の拙稿で②に関わる考察を扱っている。「マグリブ文化に垣間見える原初性―アウグスティヌスの母をヒントに」、歴史知研究会編『歴史知と現代の諸相（仮）』社会評論社、2025 年、所収予定。

19「ヒメ・ヒコ」に関しては、以下の拙論を参照。石塚正英「母系制と姫彦制の関係―高群逸枝『母系制の研究』に鑑みて」『頸城野郷土資料室学術研究部研究紀要』Vol.6/No.04 2021 年。
https://www.jstage.jst.go.jp/article/kfa/6/4/6_1/_article/-char/ja

20 平野団三著、石塚正英編『頸城古仏の探究』東京電機大学理工学部石塚正英研究室、2000 年、59 頁。

21 ジェームズ・フレイザー著、神成利男訳、石塚正英監修『金枝篇』第 1 巻、国書刊行会、2004 年、125 頁。また、寺村光晴『翡翠―日本のヒスイとそ

の謎を探る―』吉川弘文館、1995年、182～183頁には、以下の有意義な
見解が記されている。

　古墳時代に（特に前半期に）ヒスイの勾玉が尊重されながら、これが古典
に反映していないのはおかしい。（中略―引用者）しかし、『古事記』や『日
本書紀』あるいは『万葉集』などができたのはずっと後代で八世紀のころで
ある。そのころはすでにヒスイの意義は忘れられ、普通の玉と同意義になっ
てしまっていた。ヒスイの意義が忘れられたころ成立した古典に、ヒスイの
意義や装身のしかたが特にくわしく記事になっていないのは当然である。

　また、考古学者の木下尚子は「装身具と権力・男女」（都出比呂志・佐原真編『古
代史の論点2―女と男、家と村』小学館、2000年、196頁）で次のように記している。

　〔引用1〕大陸・朝鮮半島系装身具の最大の特徴は、同じ形状のものを量産
　し、これを部品として組み合わせ、異なる機能の装身具を造り上げる点に
　ある。例えば、管玉は耳飾りにも腕輪にも、首飾りにも、豪華に組み合わ
　せて頭飾りにも使われた。

　〔引用2〕ところで、大陸・朝鮮半島系装身具（青銅や錫の腕輪、ガラス製
　の玉類など―引用者）に、呪術性がみいだせないのは、これらがその故地
　ですでに権力を示す小道具となっていたことに原因している。弥生人が最
　初に受け入れた装身具は、はや呪術性を失った階級社会の産物であった。

〔引用1〕に記されているような、大量生産された装身具の場合、それに呪術
性は見いだしにくい。それが原因で弥生人は外来の装身具に呪術性を見いだ
しにくいのは理解できる。しかし、〔引用2〕にあるように、ある社会や個人
に備わる呪術性が呪具とともに他者に伝播すると考えるのはおかしい。呪術
性は個性を持っており、呪具にも個性が見いだされるからだ。呪具を必要と
する呪術社会があれば、素材など外来のものでも気に入れば（呪術性を感じれ
ば）呪具に転用される。また、木下は、装身具自体に呪力を認める。しかし、
それは呪力を求める人々とともにあってこその力である。呪力を求める人々
や社会がなくなれば、モノとしての呪物・呪具にも力が抜け、ただのモノに
かえる。

22 関 裕二『信濃が語る古代氏族と天皇』祥伝社、2015年、21、27、30頁。

23 ヤマトとクビキの関係史についての記述は、まえもってエッセーとして公開
　してある拙稿「頸城野の旧名「美守（ひだもり）」と「五十君（いぎみ）」の
　古代における読み仮名と意味」（『頸城野郷土資料室学術研究部研究紀要』

Vol.4/No.1, 2019.）の一部改稿の上での転載である。以下のサイトを参照。
https://www.jstage.jst.go.jp/article/kfa/4/1/4_1/_article/-char/ja

24 桑原正史「古代頸城郡の五十公郷と伊神郷」、『越佐研究』70 号、2013 年、
1 頁以下。

25 平野団三、前掲書、10-12 頁。なお、引用文中にある「二百有余の大列塚群」
に関して、私は以下の拙稿で議論している。「先史古代端境期の物証か―上
越市三和区藤塚山の列塚」、石塚正英『原初性に基づく知の錬成』社会評論社、
2023 年、第 17 章。

26 古代日韓文化交流圏に関係する考察を、私はすでに以下の拙著で公開してい
る。『地域文化の沃土―頸城野往還』社会評論社、2018 年。特に第 1 章「古
代交通路からうかがえる頸城文化の形成」、第 2 章「信濃・上野古代朝鮮文化
の信濃川水系遡上という可能性」。本節は、その内容のごく一部を要約的に編
集したものである。

27 岡本太郎・金達寿・司馬遼太郎・森浩一「座談会 日本文化の源流に挑む」、
株式会社サンポウジャーナル編集・発行『産報デラックス 99 の謎:歴史シリー
ズ 1：古代の遺産』1976 年、90 頁。

28 森浩一「古墳出土の鉄鋌について」、『古代学研究』第 21-22 号、1959 年。『森
浩一著作集』第 3 巻、新泉社、2016 年、28-34 頁。

29 森浩一『敗者の古代史―記紀を読み直し、地域の歴史を掘りおこす』中経出
版、2013 年、219-220 頁。

30 川崎保の業績について、その一端を記す。川崎編『信濃国の考古学』雄山閣、
2007 年。川崎編『「赤い土器のクニ」の考古学』雄山閣、2008 年。

31 Jane Ellen Harrison, *Ancient Art and Ritual*, 1913, Reprint, Kossinger Pub.,
Montana, 1996, p.191.

32 木下尚子、前掲論文、211 頁。なお、農民が身につける装身具について、小
林行雄は以下のように述べている。「鍬や鎌をもっているところから、農夫を
あらわすと考えられる人物埴輪が、金環を耳飾りとしてつけた姿につくられ
ているのは、絵そらごとのように思えてならない」（小林行雄、前掲書、45 頁）。
古墳時代の農民が金環（耳飾り）を着けていたとして、現代的な価値観で判
断する必要はない。玉も金も、儀礼的な価値が優先しているのだから。また、
古墳時代でも時代が降れば下層民も装身具を着けるようになった。有産者た
ちは装身具に代えて煌びやかな衣服を身に着けるようになって行った。木下

尚子、同上、210頁、参照。

33〔フェティシズム〕は私の博士号学位論文のテーマである。これに関連する
著作は数点あるが、本テーマに関する参考書として、拙著『フェティシズム
の信仰圏』（世界書院、1993 年）がある。さらにここでもう一点、フィール
ドワークの報告書を挙げておく。石塚正英『信仰・儀礼・神仏虐待—ものが
み信仰のフィールドワーク』世界書院、1995 年。以下にその目次を掲載する。

Ⅰ 虐待で信仰される法定寺雨降地蔵
第 1 章 神仏虐待儀礼の発生根拠を問う
第 2 章 平成六年初夏の神仏虐待儀礼
第 3 章 法定寺石仏群のフェティシュ的性格
Ⅱ 頸城野の石神・石仏を調査して
第 4 章 稲荷神社の猿石と菓成寺の大日如来
第 5 章 いにしえの高志路仏・金谷石仏群
第 6 章 関山神社の岩屋弁財天
第 7 章 吉川町の尾神岳信仰と鎌倉仏ほか
第 8 章 薬師信仰とフェティシズム—新井市卯之花山薬師
Ⅲ 武蔵野ほかに遺るフェティシュ信仰
第 9 章 庚申信仰とフェティシズム—大里村・江南町・沼津市
第 10 章 弁財天と宇賀神—与野市・弘法尊院
第 11 章 作仏聖とものがみ信仰—万治の石仏と奇妙山石仏群
第 12 章 武蔵野の茅輪くぐり神事—やらわれる蛇神
補論 フォイエルバッハと日本の古代信仰—遺稿「日本の宗教」の分析
フィールド調査（1991-1994）

第4章

信濃・上野古代朝鮮文化の関川水系遡上という可能性

はじめに―王族豪族の遠征 vs 諸衆庶衆の移住

　考古学者森浩一の著作に『敗者の古代史―記紀を読み直し、地域の歴史を掘りおこす』(中経出版、2013年) がある。この本は、ヤマト連合政権の内外で権力闘争に挑んで負けた豪族が地域に敗走していく過程を描いたものだ。落人伝説を再話しているのではなく、〔その後の敗者〕にも、正史と評価されずともそれなりの歴史があることを掘り起こしている (☆01)。しかし、弥生時代後期から古墳時代へ、その後期から飛鳥・奈良時代へと転変する古代正史は、〔その後の勝者〕にこそ歴史的重要性が備わることを物語っている。けれども、太安万侶など奈良時代の正史編纂官僚がそう「物語っている」だけであって、史実がそのように進んだかは別である。『記紀』は、それが編纂された8世紀前半当時の政権を正統化するための記述になっている場合が多いので、要注意なのである (☆02)。

　さて、『記紀』をはじめとする神話・歴史資料のみならず、現代の考古学者や歴史学者の調査研究書を読むと、「首長」「有力者」「大王 (おおきみ)」あるいはそれに連なる階層ばかりが登場する。資本主義の新時代に淘汰されまいと〔後ろ向きの叛乱〕に決起していく19世紀ドイツ手工業職人を卒業研究のテーマにした私は、1970年前後の若いころから強者・盛者の手になる歴史記述に違和感を懐いてきた。それには虚飾や虚栄が散見され、帰順や忍従の場面・文脈以外に、「諸衆」(弱小部族)「庶衆」(下層民) が記される余地はないのである。

　ただし、半世紀前に刊行された上田正昭・大林太良・森浩一『対談・古代文化の謎をめぐって』(社会思想社、1977年) には、以下のような心強い議論が読まれる。〔上田〕「政治とか国境とかいうものが明確でない時代は、なおさら民間サイドの海上の道による交渉もあったわけです。一定の政治勢力ができた段階でも、民間における、たとえば漁民同士の通交とか交流もあったと思われる。ですから、渡来人とその文化でも、常に畿内から入っ

60

てきたとか、九州から入ってきたとかいうようにはいえないわけで、たとえば日本海ルートでの支配者層によらない交渉というものも考える必要がある」（☆03）。〔森〕「日本海ルートというもので、たとえば高句麗と能登とか、高句麗と富山とか、大和を介さずに馬の文化を持った相当大きな集団が信濃に入ってきているのではないかと推定できるわけです」（☆04）。

　それからまた、梅原末治『東亜の古代史』（養徳社、1946年）には以下のようにある。「他の高い文化圏から伝えられた金属使用の初期の如き場合にあっては（引用者による中略）それの得ることの出来ない一般の民衆が、なおもとの生活の段階における石器をもってそれにあて、もしくは新しい文物に即応した形のものを作ったこと、換言すれば現に見る石器を伴う弥生式系文物のごときものがあったことを充分肯定せしめるでありましょう」（☆05）。弥生時代になっても石器を使用し続ける諸衆庶衆はざらに存在したのである。最先端ばかりでなく、そうした新旧併存の時代史を書き残さねばならないと、私は常々思ってきた。横倒しの世界史である。以上の文献は、民衆がポジティブに記された数少ないものとしておおいに評価できる。

1. 汀線航路―汀を結ぶ諸衆庶衆の足跡

　そこで、思いついたことがある。古代にあって日本海を挟んで、朝鮮半島から日本列島に移住して骨を埋めるに至った諸衆庶衆の足取りをたどってみることである。例えば、『上越市史 資料編1』（同市史編さん委員会、2002年）の巻末にある年表を開くと、以下の記事が読まれる。「高句麗使節が越海岸に来着する」（570年）、「越の辺の蝦夷数千人が内附する」（642年）（☆06）。「使節」は公的ないしそれに準ずる扱いである。「内附」は服属のことである。そういった見方ではない、政治外交的でも軍事支配的でもない民間経済的な移住・交流の足跡をたどりたいのである。歴史学者の関晃は『帰化人』（講談社、2009年、初1956年）においてこう記している。「五七〇年の夏に、高句麗の国使の船が越の国に到着した。日本海を横断しようとして風波に遭い、今の石川県あたりの海岸に漂着したものである。高句麗といえば始めから敵国であって、未だかつて親交を結んだことがない。まして正式の使者が来訪したなどということは一度もなかった」（☆07）。高句

第4章　信濃・上野古代朝鮮文化の関川水系遡上という可能性　　61

第6図 古墳分布図

麗に対してこのような一面的な理解をしている歴史家には、歴史とは王朝間の政治外交史・軍事支配史にすぎない。

正史でいう「北の海」(日本海沿岸ルート)、「南の海」(瀬戸内海ルート)でなく、丸木舟のような小型船による「汀線航路」(なぎさを伝わる航路)に即した日本海沿岸ルートに注目することにした私の見方では、「北の海」の一端である北九州から山陰へと向かう航路、あるいはもともと「北の海」とは一線を画して朝鮮半島東南部から能登半島、佐渡島へと向かう航路の行きつく北陸・越後沿岸では、汀伝いに航行する「汀線航路」が築かれていたはずである。詳しくは第2章に記したが、ここでは、関川水系遡上という可能性を探ってみたい。その契機となった出来事がある。2020年3月17日、頸北歴史研究会メンバーの佐藤春雄が上越市吉川区町田で前方後円墳を発見したことである。現在までのところ少なくとも3基以上になるので、仮に「町田古墳群」と称することにしたとのことである(☆08)。

新発見の前方後円墳(初期古墳)は、造営当時はおそらく大きな潟湖に面しており、河川で日本海と結ばれていた。頸北歴史研究会のおかげで、私が長く探していたエビデンスが、古代クビキ沿岸汀線航路の物証が、ついに出てきた。紀元3-4世紀にはこの港が、関川遡上のルートで信濃・上毛野方面への人流・物流の拠点となっていた可能性が高まったのである。関川上流域に入る妙高市関山の関山神社には、朝鮮三国時代の金銅菩薩立像が神体として鎮座している。上田正昭はこう記している。「新潟県の関山神社の御神体となっている金銅菩薩立像も私は渡来仏と考えている。この菩薩立像も眉に刻線を深く刻み込んでいる特徴が、古代朝鮮の仏像と共通している。本像の背面の型式も法隆寺夢殿観音像にきわめて近い。(引用者による中略)このように本像は、これまで知られて

いる朝鮮三国時代の仏菩薩像中、わが国の飛鳥時代の諸像と最も共通点をもつ像として重要である」(☆09)。

『上越市史 資料編1』には、以下の記述が読まれる。「四世紀から七世紀の古墳が、関川左岸の難波山東山麓に観音平第一号墳に始まる頸城西部古墳群がある。(引用者による中略)関川右岸の頸城東部古墳群には、新潟県で唯一の後期の前方後円墳、菅原三一号墳があり、首長墓と理解できる。同時に、明治時代に一〇八基の古墳が存在した菅原古墳群は、頸城東部古墳群で最大の規模を誇る古墳群でもある」(☆10)。弥生時代から古墳時代にかけて、これだけの歴史を刻んでいる関川流域に朝鮮半島から移住者があって、少しも不思議ではない。その移住者の中には、関山神社の神体「金銅菩薩立像」を持参したものがいたと想定して、少しも違和感はない。さらには、関川を源流まで遡上して信濃・上毛野へと向かったグループがいたと想定して、さほどの飛躍はない。

また、日本古代史研究者の田中史生は、『渡来人と帰化人』(角川選書、2019年)でこう記している。「興味深いことに、これら各地の渡来人の活動痕跡を示す考古資料には、朝鮮半島とのつながりを示す系譜に、それぞれ異なりや特徴がある。このことは、渡来人が一旦王権のもとに集められ、その後、各地に分配されたのではなく、各地の首長層が、それぞれに朝鮮半島諸地域との関係を築いて、彼らを独自に本拠地に呼び寄せていたことを示している」(☆11)。田中の分析に私は納得できる。あとは、町田古墳群に関係するクビキの首長層と半島為政者との間に生まれた交流ルートとは相対的に別個の民間ルートを、私なりに探り当てることが肝心となってくるのである。古代東国文化形成の動脈、古代クビキ沿岸汀線航路・関川水系遡上ルートの探索である。

2．高句麗系の積石塚—諸衆庶衆の生活痕

信越県境の千曲川流域に残る八丁鎧塚古墳など高句麗系の積石塚について、私はこれを現在のところ信濃川遡上の渡来文化と見なしているが、半世紀ほど以前の学界ではヤマト政権が政策として渡来人をこの流域に移住させたと見なしていた。たとえば研究者の桐原健は以下のように紹介している。

〔引用1〕4世紀末という年代から連想されることは、「十四年甲辰、倭不軌、侵入帯方界、（中略）倭寇潰敗、斬殺無数。」という好太王碑文の一節である。4世紀の60年代から始まっている日本と朝鮮半島との交渉の過程で、大和政権は相当な数の人々を連れ去った（☆12）。

〔引用2〕鎧塚の場合に関しては、直接間接に結びつく史籍の記載はもちろん見当らないが、高句麗人・百済人の何れにせよ、帰化人に関係ある遺跡であることは云い得るであろう。ただ、6・7世紀の古墳であれば、帰化系の人の墳墓としてもあえて異とするに足りないが、1号墳が5世紀に遡る年代を示すとなれば、一応考うべき問題が提されるように思う。1号墳の築造された5世紀の頃の帰化人が、信濃のような東国へ配置されたことを文献上で探ることは困難であるが、もしそのような極く初期の帰化人が、この地方に配置されるには、相当の理由があってのことと考えられる（☆13）。

　たとえば、半島からの渡来人の一部は信濃川や関川から内陸へと遡上して各地に定住した、という仮説を考慮していないこのような言説は、中央権力一辺倒の史観に特徴的である。桐原もまたその傾向にあるものの、おおいに悩んでいる。それはたとえば、以下の記述に暗示されている。

　　現在の段階では、平壌遷都前の4世紀代に日本に渡来し、信濃の地域に定着した氏族が、故地の墓制を墨守していた、後世になって新しく渡来した氏族は、大和政権の配慮で、地方豪族の要請により、先住していた同族のもとに配属された、そして今来の氏族は先住氏族の墨守して来た墓制を継承したという、仮定の多い推察をとらざるを得ない（☆14）。

　私のように日本海沿岸からのルートを想定していれば、桐原はこのような悩み事を綴るに及ばなかったのである。要するに、この彼の記述には一つだけ、重要な考察が抜けている。それは、「4世紀代に日本に渡来し、信濃の地域に定着した氏族」が半島から信濃まで辿ったルートについてである。私は半島→能登・佐渡→越後沿岸（関川河口・信濃川河口など）→信濃→上毛野というルートを想定している（☆15）。

　さて、高崎市に残る積石塚のうち、既刊拙稿2篇「信濃・上野古代朝

鮮文化の信濃川水系遡上という可能性」(2018年6月)、「先史と文明を仲介する前方後円墳の儀礼文化」(2021年8月)で考察していない箇所について補足的に触れる。それは5世紀前半の築造になる高崎市の剣崎長瀞西遺跡（積石塚）である。『剣崎長瀞西遺跡1─浄水場建設に伴う発掘調査報告第1集』(2001年、高崎市教育委員会)を読むと、概略で以下の特記事項に目が止まる。当遺跡には、円墳9基・方形墳3基・積石塚5基・小石槨2基の、計19基が確認される。そのすべてで円筒埴輪が出土している。また多くは周堀で囲って輪郭を整え少量の盛土をなす程度の低墳丘墓である。したがって、当初は積石塚でなかったとしても盛土や墳丘の欠損によって石室が露出し、外観だけではそれと見分けがつかなくなっているものもある。私は本報告書掲載の写真から受ける印象のみで現場を確認していない（☆16）。あらかた埋め戻されているからでもある。長野市と須坂市での積石塚調査をもとに述べるならば、長い年月のあいだの風雨によって盛土が消失し葺石を残すのみとなれば、あるいは粉塵を受け植物が生い茂るとなれば、それも頷ける。

　また、だいたいが積石塚の様態自体に以下の揺らぎがある。①土は盛らず近隣河川で採取した河原石のみの積石塚。②土と石の双方が確認できる積石塚。さらに③河原石が入手しやすい自然環境でできた結果としての積石塚。④高句麗など外来文化の影響下に造られた積石塚（☆17）。当古墳では10号墳の墳丘斜面から韓式系土器の破片が出土しており、近隣の下芝谷ッ古墳からは朝鮮半島由来の飾履が出土していることからして（☆18）、私は高崎市に残存する積石塚は④であると結論している。本古墳群が5世紀前半の築造となれば、その時期は畿内からの幹線道路である東山道敷設の3世紀も以前にあたる。7世紀後半から朝鮮半島系渡来住民が造り出した「上野三碑」とて、それまで長く上毛野近辺に生活していた移住民の存在が前提となる。

　埼玉県日高市にある高麗神社境内に掲げられている由緒書には概略でこうある。同神社は高句麗国の王族高麗王若光を祀る社である。8世紀前半に中央政府は高句麗遺民1799人を東国に移住させ、若光を高麗郡の国司に任命し統治させた。この記述は、もっとも重大な経緯を記し損ねている。それはヤマト連合政権成立以前からこの地に前もって高句麗から移り住んでいたはずである移住民のことである。中央政府が高句麗遺民を東国

に移住させた理由の一つは、かの地にまえもって高句麗系民間渡来人の生活圏が整っていたことである（☆19）。そのような経緯はほかに多くある。たとえば松本市の針塚（積石塚）古墳のケースにも妥当する。この地では、前もって積石塚墓を造った人々が5世紀初から住みついていて、そこへ668年の高句麗滅亡後、多数の遺民が同郷人の里を頼ってやってきたという理解が自然である（☆20）。よって、先述した桐原健の悩み事は無用の長物なのだ。

　さて、国家間の公的交流とは限らない民間諸衆庶衆は、どのような動機で、いずこのルートを経由して裏日本列島へ渡ってきたか。その見通しを、森浩一に語らせてみる。

　　　積石塚というのは日本では長野県が一番多いんです。普通には長野県に積
　　　石塚を残したのは比較的新しい「帰化人」、つまり高句麗と百済の滅亡の前
　　　後に渡来したというんですけれども、辻褄が合わない。積石塚は高句麗で
　　　は古い時期にしかないんです。それに高句麗や百済の滅亡のころには向こ
　　　うも土塚なんです。そうするとおそらく日本海航路で来ておったと思うん
　　　です。（引用者による中略）信濃あたりに朝鮮的集団が入ってくるのは、高
　　　句麗や百済の滅亡の時期よりももう百年も二百年も前に入っていたと思わ
　　　れます。その一派が関東にどんどん入ってくるんですね。そこで関東地方
　　　におびただしい後期古墳を残している。後期古墳の立派な馬具とか環頭太
　　　刀とかは関東が圧倒的ですからね（☆21）。

　くりかえすようだが、古代日韓交流時代には、半島南岸・東岸から海流に乗って日本海を横切り、能登、佐渡、越後地方へと沿岸の港や汀を結ぶ渡航ルート（汀線航路）があった、と私は考えている。さらには、現在の新潟市に河口を有する信濃川や上越市に河口を有する関川をはじめとする越後沿岸の河川を遡上して関東地方に向かう列島横断峠越えルートを予測している。移動は政治的な征服・併合よりも生活上の交流・移住が目的だったろう。渡航ルートの先には汀を経由する汀線航路と、舟を曳いて河川を遡上する曳舟航路が開拓されただろう。中央権力ヤマトに恭順の意を表し東国遠征軍に組み込まれた蝦夷や渡来人と、そうやすやすとはヤマトに下らなかった〔まつろわぬ民〕たる蝦夷や渡来人との交戦・鎮圧のシナリオ

には、そうやすやすとはだまされない。なぜならば、中央権力ヤマトそれ自体を構築したものこそ、渡来系の知識(人)や技術(者)だったからである。2004年10月にフィールド調査で研究仲間の門田春雄と共に飛鳥の地を巡り、伝統的とはいえ一地方の文化に接していっそう強く思ったことがある。それは飛鳥時代、かの地では渡来系人脈と渡来系文化が9割以上を占めて主流をなしていたことである。彼らはヤマトに帰化したのではない。ヤマト連合政権に帰順したのでもない。彼らこそ実質的にヤマト連合政権を樹立しヤマトの文物制度を創出したのである。研究者の関晃は1956年の時点で、『帰化人』(講談社、2009年)において以下のように明確に記している。

> 古代の帰化人は、われわれの祖先だということ、日本の古代社会を形成したのは主に彼ら帰化人の力だったということ、この二つの事実が、とくに本書ではっきりさせたかったことである(☆22)。

　ところが、その関は——すでに引用済みなのだが繰り返す——同書において、「高句麗といえば始めから敵国であって、未だかつて親交を結んだことがない。まして正式の使者が来訪したなどということは一度もなかった」と力説している。「われわれの祖先だ」と古代の半島諸民族を遇する関は、その一つ高句麗に対してはこのような理解をしている。国家形成以前や冊封的公的儀礼を経ずに育まれた汀線航路・曳舟航路による日韓の民間交流史、これに一瞥だに与えない関の歴史観が、本書の随所に垣間見られる(☆23)。

むすび

　『新潟市史 通史編1』(同市史編さん原始古代中世史部会・近世史部会、1995年)には、以下の記述が読まれる。「越後平野は前期古墳の日本海側の分布の北限地域である。北陸北東部を見ると、前期古墳の分布は能登半島・富山湾西部沿岸と越後平野に集中し、頸城平野などにはほとんどない。このことは、この二つの地域が海路によって直接結ばれていて、能登の古墳文化が越後平野の古墳文化形成に大きな影響を与えたことを示している」(☆

24）。2020 年 3 月、上越市吉川区における町田古墳群の発見により、この記述は大きく書き換えられる段階に入った模様である。頸城野もまた、先史・古代から越後各地およびそのヒンターランドである信濃・上野へ向かう文化伝播のゲートウェイだったのである。

　ただし、このゲートウェイは、古墳時代のヤマト連合政権による国家形成・王権強化や豪族征服・地域統治よりも、弥生・古墳時代までの諸衆移住・移民、生活文化の交流に寄与していたはずである。日本列島や朝鮮半島の日常生活者は一種の海洋民族なのだから、権力者と違って国土とか国境とかはあまり意識にないはずだ。研究書の多くは、戦争捕虜的な半島人の列島への連行を根拠に、ヤマト連合政権による渡来人の東国移送を史実として過剰に記述している。だが、半島人の波状的な列島移住はそれ以前から連綿と継続されている。移住をも含めて、半島と列島との民間の交流は紀元前から行われてきた。政治的交流は国家が確立してからである。それ以前は、生活圏が成立していたとまでは極論しないが、社会的・文化的交流が断続的に維持されてきた。また、先史文化の中でも衣食住の基本的文化は伝播後永久的に維持される。稲作はその代表である。

　そのような視点は、これまでの歴史学や考古学のテーマにはなりにくかった。古代日韓交流史を研究するに際して、第一に有力者・豪族に注目するのは理解できるが、第二に下層民――私の表現では「庶衆」――を無視してはならない。国家的なルートやコースと直接の関係を持たない人々の移住こそ、交流史には重要なのだ。ヤマト連合政権あるいはその勢力の地方波及は初期には軍事的・政治的であるよりも文化的・社会的であった。別の見方をするならば、そうした移住が行われない地域社会は従来の社会的様式・構造であり続けた。そこで思いついたのが、古代にあって日本海を挟んで、朝鮮半島から日本列島に移住して骨を埋めるに至った諸衆庶衆の足跡を、汀線航路・曳舟航路でたどってみる、という本稿の研究なのであった。

注

01 森浩一は著作『敗者の古代史－記紀を読み直し、地域の歴史を掘りおこす』（中経出版、2013 年、64 頁）において、ヤマトの市師池（磐余池）ないし軽池から高志沿岸の水門（みなと）（直江津）まで飛翔する鳥の神話を紹介して

いる。古事記神話によると、第11代天皇の垂仁（イクメイリビコ）とその妃沙本毘売（サホビメ）の第一子品牟都和気命（ホムツワケノミコト）は成長しても言葉を話さなかった。ある時、池に遊ぶ鳥を見ていて、とっさに言葉を発したい気になった。しかしその鳥はヤマトの市師池（軽池）からコシの水門（直江津）まで飛翔してしまった。垂仁は人を派遣してこの鳥を追わせた。使いは、木（紀伊）から針間（播磨）、稲羽（因幡）、旦波（丹波）、多遅麻（但馬）、さらに三野（美濃）、尾張、科野（信濃）、そして高志（越）へと渡って、ようやくその鳥を捕まえることができた。その港は関川の河口である。ということは、この神話は高志から信濃を経由して畿内方面へと向かう水陸交通路の存在を逆方向ながら物語っていることになる。

02 古今東西いずこにも、自民族の歴史（伝統・文化）を誇示しようと史実を粉飾したり捏造したりする傾向がある。その問題を私なりにまとめたエッセイがある。石塚正英「司馬遷『史記』をモデルに―建国の古さを誇示する日本」、石塚正英編『世界史プレゼンテーション』社会評論社、2013年、198-199頁。

　　ここに、中国を中心とする東アジア古代国家交流史――つまり本稿では意識的に避けている分野――をかいつまんで記しておく。日本が、古代においてすでに日本よりもはるかに文明の進んだ先進国の存在した中国大陸と交流していたということ、そのことはむろん誰しも疑うことのない事実である。ここでその実例を幾つか挙げてみよう。まず紀元1世紀に倭奴国王が後漢（25-220）に朝貢し、光武帝（位25-57）から金印、つまり「漢委奴国王印」を賜わったことが挙げられる。それから、3世紀に邪馬台国の女王卑弥呼が魏に遣使して朝貢し、「親魏倭王」の称号を授かったことも有名だ。さらには、5世紀に倭の五王（413-502）が南北朝時代の東晋（317-420）・宋（420-479）に9回ほど遣使朝貢したのも好例といえる。また他方で、4世紀に建国まもない百済（345頃-660）が日本に朝貢使節を送ったり太子を質として送ったりしたなどという事例もある。

03 上田正昭・大林太良・森浩一『対談・古代文化の謎をめぐって』社会思想社、1977年、26-27頁。

04 同書、101頁。このような民間サイドのベクトルと真逆の方向、つまりヤマト政権の国家的政策として渡来人を列島各地に入植させた事例を扱った研究に森田悌『古代東国と大和政権』（新人物往来社、1992年）がある。関係する箇所（3-4頁）を引用する。

渡来人の入植に関し私は、安閑朝（六世紀中葉）、推古朝（七世紀初）、および天智朝（七世紀後半）という三つの大きな波があったことを考えている。いずれも畿内を遠く離れた東国の地で朝廷の尖兵としての役割を担い、閑地の開発に従い、朝廷支配の浸透に寄与した人たちであった。（引用者による中略）多胡建郡に当った渡来人たちは、多少とも朝廷の直轄民という性格をもち、それゆえ通常の立郡と異なった手続きをとったとみうるようであり、私は碑文中の弁官符を勅符という特異な文書様式とみている。中央の顕官たる左中弁多治比真人三宅麻呂がわざわざ下向し宣布しているのであるが、渡来系を主体とする人たちによる立郡という特異性に由来していると考えられる。

森田は、渡来系諸勢力をヤマト政権との主従関係で説明することが多い。安閑朝に屯倉を管掌した飛鳥部吉志や711（和銅4）年の多胡郡設置にかかわった羊（指導者名）はその一例である（同書、75頁、145-149頁）。この事例はみな、私が問題にしている3-4世紀までの時期、あるいは諸衆庶衆による非公式の移住活動には当てはまらない。

05 梅原末治『東亜の古代史』養徳社、1946年、46-47頁。

06『上越市史 資料編1』同市史編さん委員会、2002年、巻末年表。

07 関晃『帰化人』講談社、2009年、初1956年、20頁。

08 高橋勉「上越市吉川区の前方後円墳―新発見の仮称町田古墳群から」、『新潟考古』32号、2021.03所収の地図参照。

09 上田正昭「古代の日本と渡来の文化」埴原和郎編『日本人と日本文化の形成』朝倉書店、1993年、38頁。

10『上越市史 資料編1』、366頁。

11 田中史生『渡来人と帰化人』角川選書、2019年、98頁。考古学の分野でも、列島・大陸往還的、列島・半島往還的な文化交流を重視しようという機運は存在している。たとえば、広瀬和雄は以下のように記している。「近年、とみにその傾向を強めている他分野との没交渉的な〈考古学至上主義〉を相対化しつつ、東アジア的かつ汎列島的な視座と学際的観点からの東国古墳時代像を、これまでの学史的財産を活かしながら樹立していくことが大きな課題である」。広瀬和雄・池上悟編『武蔵と相模の古墳』（季刊考古学 別冊15）、雄山閣、2007年、14頁。

12 桐原健『積石塚と渡来人』東京大学出版会、1989年、106頁。

13 同上、61 頁。ただし、ここに私が引用した箇所は、それ自体が著者桐原健による永峯光一論文からの引用文の一部分である。

14 同上、113 頁。

15 詳しくは以下の文献を参照。石塚正英『地域文化の沃土 頸城野往還』社会評論社、2018 年、第 2 章。

16『剣崎長瀞西遺跡 1―浄水場建設に伴う発掘調査報告第 1 集』2001 年、高崎市教育委員会。以下に必要箇所を引用する。

　　　積石塚は大小合わせて 5 基検出されているが、全てが西側調査区の東端の谷に沿うように分布している。構造的には、方形あるいはやや崩れた方形の区画を、小口面を外側に向けながら石を積んで造り、その中に比較的小ぶりな石を充填して築き上げている。石積みの段数は、現状で 2 段～3 段である。この区画の中央は、比較的平らな石を敷き詰めて床面とし、その両脇に小口を外に向けた石を積み上げて狭長な竪穴式小口槨を築いている。

　　　このように埋葬部の床面が古墳構築時の地山より高いこと、すなわち、被葬者が地下に埋葬されないことが通常の竪穴式石槨との最大の相違点であると考えられる。小石槨内には、検出された時点で拳よりやや小型の石が充填されており、天井石が存在した痕跡は見られなかった（同上、19 頁）。

17 積石塚の定義によせて一言。古墳はすたれても百済系（高句麗→百済→列島）である横穴式石室はすたれなかった。横穴を造るのに石組みが必要だから、このタイプの墓制も広義の積石塚と見なせる。奈良の石舞台古墳は、墳丘部分の欠けた石組すなわち積石の特殊例と見なせる。つまり、先史文化は爾後に登場する文明を下支えしていったのである。

18 下芝谷ツ古墳については、剣崎長瀞西遺跡 1 同様、すでに埋め戻されている。発掘時に調査報告書を作成しなかったが、当時の高崎市教育委員会担当者の田口一郎は個人的に以下の報告書を公表している。「群馬県下芝谷ツ古墳」（『日本考古学報』39、1988 年、日本考古学協会）。ただし、かみつけの里博物館発行の常設展示物解説書『よみがえる 5 世紀の世界』（2017 年、初 1999 年）には、47-51 頁に読みやすい解説がある。

19『続日本紀』に以下の文章が読まれる。「《霊亀二年（七一六）五月辛卯【十六】》○辛卯。以駿河。甲斐。相摸。上総。下総。常陸。下野七国高麗人千七百九十九人。遷于武蔵国。始置高麗郡焉」。716 年 5 月 16 日　駿河、甲斐、相模、上総、下総、

常陸、下野 7 か国から高句麗人 1,799 人を武蔵国に移し、高麗郡を設置した。

ところで、日高市の高麗神社は、私が 2020 年 3 月まで 30 年間勤務した東京電機大学理工学部からそう遠くない地にある。幾度か種々の調査に出向き、ある時は夕闇せまる境内で薪能を堪能した。神木の林立する幽玄世界にモモンガが飛翔していた。その地に骨を埋めた渡来系庶衆の子孫と、私は親しく交流してきたことになる。また、勤務校の近くを越辺川という河川が流れている。「越辺」とは、一説によればアイヌ語起源である。また一説によれば「越」つまり日本海沿岸の高志と関係する。日本書紀には「越辺蝦夷」という記述もあるという。いずれの説も、埼玉県を含む武蔵国が日本海側や東北地方と何らかの契機をもって結ばれていたことを示唆している。

20 松本市文化財調査報告 121『針塚古墳―発掘調査・保存整備報告書』松本市教育委員会、1996 年、参照。この古墳は、平成年間に入って数度の発掘調査を経て 5 世紀後半の築造であることが判明するまでは、7 世紀前後のものとされていた。他の多くの事例と同様、高句麗滅亡とヤマト連合政権の東国遠征に起因する築造と解釈されていたのである。

21 森浩一・岡本太郎・金達寿・司馬遼太郎「座談会 日本文化の源流に挑む」、株式会社サンポウジャーナル編集・発行『産報デラックス 99 の謎：歴史シリーズ 1：古代の遺産』1976 年、90 頁。引用文の最後に馬具が記されている。そのことに関しては、松尾昌彦『古代東国地域史論』（雄山閣、2008 年）に参考となる記述が読まれる。「現在の研究では古墳時代中期に渡来人が馬飼いの技術と共に馬を日本にもたらしたことは確実であり、このような馬飼いの技術を持つ渡来人を騎馬民族というならば、騎馬民族は古墳時代中期に日本にやって来たといってよい。（引用者による中略）すなわち、現在の馬具研究からは、古墳時代中期初頭移行、大量の渡来人が馬とそれを飼育し利用するための知識と技術をもたらしたと考えられるが、それはあくまで騎馬文化の受容というレベルに止まるものといえるのである」（同書、171-175 頁）。

22 関晃『帰化人』講談社、2009 年、3 頁（1956 年 4 月付け「はしがき」から）。日本の中の朝鮮文化を調査研究した金達寿は、飛鳥という名称に関して、『古代文化と「帰化人」』（新人物往来社、1972 年、193-194 頁）において、こう記している。

そしてここはかつての安宿郡で、「あすか」というのももとをただせば、この安宿を朝鮮語でアンスク・アスク（安宿）といったところからきたもの、

つまり、外来者（飛ぶ鳥）の安らかな宿・ふるさとだったのである。

　したがって、遠つ飛鳥だった大和飛鳥は、近つ飛鳥だった河内飛鳥の延長にほかならなかったものであった。なぜそれが延長されたかということについては歴史学者にまかせるよりほかないが、それからまた現在の大和飛鳥、明日香村は高市郡で、これも以前は今木（来）郡ともいわれていたところだった。

23 半世紀ほど以前に諸学界で活躍した研究者の中には、ヤマト中央集権史観の持ち主が散見された。その傾向は、当時の自治体でさかんに編集されていた市町村史にも影響を与えていた。その一例を、2004 年刊行の『上越市史 通史編 1 自然・原始・古代』から引用する（上越市史編集委員長 加藤章「上越の自然と歴史のはじまり」6 頁）。

　大和王権にとって三世紀から四世紀にかけての時期は「東国」を鎮め、支配することがまさに国是とされていました。その結果『記紀』には応神朝の五世紀に東国の蝦夷からの貢献と労役の記事があり、諸豪族の臣僚化が進み、東国も徴税の基盤となりました。その成果が四世紀末から五世紀初頭、倭国の朝鮮半島での高句麗との戦いを支えた軍事力であり、また応神陵などの巨大前方後円墳の造営を可能にした経済力でした。

　　頸城国造を中心とする兵力も、朝鮮半島への出兵や補給の兵站線の役割を担っていたのです。太平洋側の坂東以北の国造たちが、もっぱら征夷の役割を果たしたこととは対照的な地域的特色を示しています。

この説明では、まるで日露戦争に際して新潟県出身の兵隊が朝鮮半島から先へと送り込まれた情景が描かれているものと勘違いしそうである。

　さて、出雲や越など地域史を軍事中心で書きはじめる必然性はあるだろうか。国家と国家の勢力争いを地域史発展の軸に据える必要性はなかろう。高句麗など朝鮮半島とは諸衆庶衆といった民間レベルでの経済交流活動、儀礼を介した生活文化の交流があった。高句麗から越後に伝播した〔火の儀礼〕はその一例である（江守五夫『婚姻の民俗―東アジアの視点から』吉川弘文館、1998 年、148 ～ 150 頁）。こうした日常的交流から書きはじめることはできないものだろうか。

24『新潟市史 通史編 1』同市史編さん原始古代中世史部会・近世史部会、1995 年、43-44 頁。

第 4 章　信濃・上野古代朝鮮文化の関川水系遡上という可能性　　73

☆本稿は、頸城野郷土資料室月例報告会（第 15 回）「ますや de お話し会」（2021 年 8 月 14 日）において、報告「上越市吉川区で新発見の前方後円墳―裏日本列島の汀線文化史」の配布資料として執筆され、報告後の補筆（2021 年 9 月上旬）を経て脱稿となった。

上越市吉川区で新発見の
前方後円墳
―裏日本列島の汀線文化史―

講師：石塚正英
（頸城野郷土資料室学術研究員）

ますやdeお話し会（第15回）
2021年8月14日(土)　10：00〜11：30

上越市仲町6丁目　大鋸町ますや
NPO法人頸城野郷土資料室

第 5 章
日本文化の幹細胞たる裏日本縄文文化

はじめに

　新潟県上越地方、昔からの呼び名でコシ（高志、越）あるいはクビキ（頸城、久比岐、久疋）に生まれ育った私は、土地柄も手伝って、古代日韓文化交流を研究テーマに 30 年来、北陸一帯、とりわけ新潟県を学術調査のフィールドにしてきた。古代日韓地域間には、朝鮮半島南岸・東岸から海流に乗って日本海を横切り、能登、佐渡、越地方へと通じる渡航ルート（汀線航路）があったと考えている。そのような研究生活の只中で、日常生活者としての歴史認識を、半ば冗談交じりではあるが、〔縄文右翼〕と自認してきた、以下のように。

　　①縄文右翼の人々は、倭＝ヤマトでなく出雲や高志にプレ日本社会を見いだす。

　　②縄文左翼の人々は、倭＝ヤマトの開始期をかぎりなく縄文時代に食い込ませる。

　　③弥生右翼の人々は、倭＝ヤマトはアキツカミ天皇のもとに自生し繁栄したとみる。

　　④弥生左翼の人々は、倭＝ヤマトは半島系大陸系の渡来人と共に築かれたとみる。

　ところで、縄文右翼と弥生左翼は共鳴しあい、縄文左翼と弥生右翼は共鳴しあう（☆01）。そのような枠組みというか類型思想を前提にしつつ、私なりの〔プレ日本社会論〕を以下の項目に従って、エッセーとして論じてみたい。

　　1．縄文右翼のプレ日本社会論
　　2．縄文左翼のプレ日本社会論
　　3．弥生右翼の固有民族ヤマト論
　　4．弥生左翼の東海＝日本海内海論
　　5．ＫＫ（頸城野＝慶州）連合

なお、ここに転載する写真データ「先史と文明を仲介する前方後円墳の文化」は、従来ヤマト政権の象徴と解釈されてきた前方後円墳を、ヤマトにまつろわぬ在地勢力の存在証明と見る立場から執筆した拙稿の告知に関わるものである（☆02）。それから、本稿で区別する右翼と左翼はけっして政治思想的な基準でなく、生活文化的なそれによっている。

1．縄文右翼のプレ日本社会論

(1) クビキの広域信仰文化圏

　信越県境の妙高山麓に関山神社がある。先史古代から中世近世にかけて、頸南山間部の関山神社から頸北平野・山間部の上越市、三和区（旧中頸城郡三和村）および浦川原区（旧東頸城郡浦川原村）法定寺付近に至るまで、一つの〔クビキ広域信仰文化圏〕が存在してきた。その歴史的証拠は、関山神社の火祭り神事と関山石仏群、および上越市三和区、浦川原区一帯に散在する法定寺石仏群とこれに付随する雨乞い儀礼において確認できる。

　三和区に限定しても、区内には飯田川流域に水科古墳群、宮口古墳群など稲作農耕文化の遺跡が確認され、またこれらが造営された7世紀よりはるか以前、同古墳群の後背地にしっかりした縄文文化の存在したことが確認されている。これらの先史古代遺跡文化群は、直接間接に、クビキ地方の広域信仰文化圏を構成する歴史的要素となっている。その際、ここにいう〔クビキ広域信仰文化圏〕は、畿内に展開するヤマト文化圏からは相対的に独立して発展した。旧三和村史を理解するためには、その点をおさえる必要がある（☆3）。

　1994（平成6）年秋、上越市の子安遺跡（平安前半9世紀中頃〜後半の層）から海獣葡萄鏡（8世紀前半の作と推定）が出土した（☆4）。葡萄唐草の上に禽獣を重ねた文様で知られるこの鏡は、定説によれば西域からシルクロード、遣唐船を介して日本にもたらされたものである。正倉院や香取神

宮には現存し、遺跡出土では高松塚古墳の例がある。そのほか国内での複製品もある。

　ところで、この海獣葡萄鏡出土で興味がそそられるのは、出土した場所がコシの一角だという点である。ヤチホコ（オホクニヌシ）の妻訪い相手ヌナカハヒメで有名なコシは、一説によれば、けっきょくイヅモ（出雲）に滅ぼされ、イヅモはヤマトに滅ぼされた。しかしコシはコシである。大和、山門、耶馬臺ないし耶馬壹の区別をめぐる論争いわゆる耶馬台国論争のいずれを支持したところで、コシはまちがいなく倭＝ヤマトではない。高志ないしクビキには、紀元前からそれ独自の文化が生成していたのだった。東アジア沿岸諸地域における海を介した人と物の動きが縄文時代から活発だったことは、最新の歴史学研究の示すところである（☆5）。

　出自において倭でない文化圏に倭の都で珍重される鏡が出土したというのは、いったいどうしたことであろうか。くだんの鏡は、それが出土した地層の堆積年代からみて、イヅモが倭に征服されたあと科野（しなの）を経てコシへ運ばれたとも考えられよう。しかし、その年代の地層に埋もれるには、鏡がその年代かそれより以前にコシに存在していなければならない。また、北九州や山陰のみならず北陸から北の日本海沿岸（古くはその一帯全域を高志ないし古志と記していた）には、早くから民間ルートを通じて大陸の諸文化が伝えられていた。例えば道教ないしそれに起因する民間信仰は、飛鳥の欽明天皇時代における仏教公伝（538年、ないし552年）よりもずっと早くからコシの一帯に浸透している。また、飛鳥・白鳳時代には、高志のことを「蝦夷（えみし）」とも称していたが、当時「蝦夷」には倭＝ヤマト政権に服従しない蛮族の意味が含まれていた。実情がわからないので脅威と畏怖の対象だったのだろう。何を信仰しているのか、覚束なかったのだろう。

(2)「ゐぎみ」考証

　平成初年から長きにわたってクビキで歴史学と民俗学、それに民間習俗のフィールド調査を継続して来た私は、とりわけ先史古代に起因する農耕儀礼に関心を持ってきた。その過程で私は、以下の二つの課題を強く意識するに至った。①現在の上越市三和区に遺る地名「いぎみ」と「ひだもり」の古代性、②とくに「いぎみ」と古代北九州の伊都国に関連する「いと」

の双方に共通する「い」―旧字「ゐ・ヰ」―の関連性である。「ゐ」（「為」の草書体）ないし「ヰ」はヤマトコトバ（話し言葉）で"wi"と発音し、「井」と同様、泉や潟、湿地を意味する。

それから、1784年に志賀島（現福岡市東区）で発見された金印に刻まれた文字「漢委奴国王」にある「委」は元来「ゐ、ヰ」と発音するので、読み方を「かんのわのなのこくおう」でなく「かんのゐとこくのおう」と読み直せば、「ゐと」が浮き上がってくる。

筑前国風土記逸文「怡土（ゐと）の郡」がある。「昔、穴戸の豊浦の宮で天下を治められた足仲彦の天皇（たらしなかつひこ　仲哀）が、球磨の国と囎唹（そ）の国とを征伐しようとお思いになられて、筑紫に行幸なさった時に、怡土の県主らの祖先である五十跡手が（中略）出向きお迎えして、二本の榊を献上した。天皇は自ら『あ、お前は誰か』とお尋ねになられた。五十跡手(ゐとて)は『朝鮮の意呂山に天降って来た天の日桙の子孫である五十跡手である』とお応えした」。

この際、旧字の読仮名「怡土（ゐと）」あるいは「五十（ゐそ、ゐと）」に注目してほしい。邪馬台国の時代、「ゐ」で知られる人々は朝鮮半島と深いかかわりを有していた。同じ読み仮名は、出雲神話の五十猛命に関連する旧・五十猛村（現・大田市）に、それからヤマトのクビキ進出時コシに先住していた「ゐぎみ（五十公、五十君）」と称する在地諸衆にも妥当すると思われる。かつてコシの沼垂郡や頸城郡に存在し後世に「五十公野（ゐじみの、ゐぎみの）」と称された地域を、私は「ゐぎみ」の残照だろうと推測している。

そうであるから、先程述べた西域起源の海獣葡萄鏡などは、コシに土着の有力者が独自のルートで入手したとも考えられる。倭＝ヤマトの国の有力者が高志＝クビキに派遣されるとき携えてきた、ないし都から取り寄せたと考えるよりも、飛鳥・白鳳時代にすでにコシには倭が一目をおくべき土着の有力者が存在したと考えることもできる。

その推測について文献上の傍証になるのは、『日本書紀』の683（天武11）年と689（持統3）年の条である。そこを読むと、天武天皇はコシの蝦夷である伊高岐那（いこきな）が70戸をもって一郡を作ることを許したことや、持統天皇はコシの蝦夷と南九州の隼人（はやと）に対して仏教による教化政策をとったことがわかる。つまり、飛鳥時代のコシに倭の勢

力は未だ十分には浸透していなかったということである。さらに記述を読み進めると、持統天皇は蝦夷・隼人のうち後者に対しては筑紫太宰の河内王に命じて公伝仏教の僧を派遣して教化政策を推進したが、コシの蝦夷に対しては僧の派遣はしなかった。すでに「蝦夷の沙門」道信がいたので、仏像一体と仏具を送るにとどめているのである。隼人と蝦夷とへの対応の相違は、7世紀後半、すなわち旧三和村に宮口・水科古墳群が造営された頃において高志には自前で僧を育成しうるほどに民間仏教・民間信仰が広く深く浸透していたことを物語っているのである。

　旧三和村の名は、美守・五十公・上杉の旧三ケ村を合わせたところに由来する。その旧村名のうち、美守は、古代には夷守（ひなもり）と記した。934（承平4年）頃成立の和名抄には、すでに「夷守」と称する郷に関する記述が読まれる。その際、「夷（ひな）」とは、「鄙（ひな）」とも書き、都から遠い「ひなびた」ところ、辺境という意味である。したがって「夷守（ひなもり）」とは、一見すると辺境を守る（人）の意味になる。具体的には蝦夷の攻撃から大和朝廷が国土を守るという意味、あるいはそこから転じて国府・国司の別名になるようである。

　しかし、フィールドでのわが恩師平野団三「古代頸城文化の内証」（☆6）によれば、「夷守（ひなもり）」とは蝦夷の里を意味する。クビキ地方に大和朝廷の勢力が及んでもなおしばらく蝦夷は自民族の根拠地を確保しており、それをヤマト政権側は「夷守（ひなもり）」とか「五十公（ゐぎみ）」とか称した。なお「五十公（ゐぎみ）」は当初「夷君」と記したが、やがて時が経つにつれ「夷」が嫌われて「五君」「五十君」「五十公」などと改称された。また「守」は「かみ」とも読むので、「夷守」は「ひなのかみ」と読んで「夷君」ともどもヤマト政権側が蝦夷の首長を遇するのに用いたと考えられる。とにかくも、古代のクビキ地方にはヤマト政権に打ち負かされない文化をもった先住民がいたことになる。

　ところで、関山神社の両脇約100メートルの地に大岩屋神がおわす。これらは現在では南弁財天・北弁財天と称し、岩屋弁財天と総称している。しかし、弁財天などという神名は後世の習合ないし後知恵を物語っているだけのことでしかない。なるほど関山神社本殿には、ご神体（中尊）として、朝鮮三国時代の7世紀に造られたと推定される銅造菩薩立像が安置されている。社伝で新羅仏と称されるこの立像は、東北・北陸で最古の菩

薩像ではある。だが、これは少なくとも神社創建後に山麓へともたらされた新参神である。岩屋神の方は妙高山麓では新羅仏よりも古く本殿よりも古いのである（☆7）。

　そして神社脇の妙高堂とその周辺地区には、平安〜鎌倉時代に造られた埋け込み式（土中に下半身が埋没した恰好）の石仏群が数十体散在している。そのほか神社御手洗池には亀石（鎌倉時代、石材は地元だが技法は新羅系と推察される）一基と旧中郷村福崎の稲荷神社に猿石（鎌倉時代、石材は地元だが技法は新羅系と推察される）一基が安置されている。これらの神体ないし石造物を確認しただけで、先史古代において高志がいかに独自の古代文化を形成していたかがわかるのである。

　旧三和村のみならず各地に存在する石造物は、いずれもみな、単に過去の遺物ないし有形文化財として残っているのではない。なるほど遺物それ自体は歴史的なものではあれ、それらを介して形成された信仰民俗は、ハイテク時代の現代人の心中にも潜在意識として刻印されている。そのような信仰民俗は、旧三和村の場合、中国大陸や朝鮮半島からクビキへ海路伝来した生活文化と、妙高山麓から陸路南下した山岳農耕文化を前提にしてはじめて解明できる。その一端は、旧三和村特産の大光寺石を活用した石造文化にはっきりと刻印されている（☆8）。

2．縄文左翼のプレ日本社会論

(1) 年代測定の先端技術

　2003 年 5 月、国立歴史民族博物館の春成秀爾と今村峯雄は、弥生時代の開始はこれまで定説だった時期より約 500 年早まり紀元前 1000 年頃、との新説を発表した。その際、新説を確定する方法として最新の科学的年代計測法、「放射性炭素（C14 あるいは 14C と表記）年代測定法」を活用した。試料は、福岡市の雀居（ささい）遺跡、橋本一丁田遺跡、佐賀県唐津市の梅白遺跡など九州北部と東北地方の出土品を用いた。

　こうして導き出された新説に、各地の博物館関係者や考古学研究者は、一様に関心を示したものの、中には、その年代測定法に一抹の不安を示す関係者・研究者もあった。その一人、大阪府立弥生文化博物館長の金関恕は、次の意見を表明している。「この測定結果自体は興味深く、尊重したい。

ただ、C14年代測定法の信頼性をめぐっては、学界にはなお議論がある。より説得力を持つためには、年輪年代測定法など他の技法による検証をさらに進めることが必要だろう」（☆9）。

　歴史学・考古学など年代や伝播の確定が重要な意味をもつ学術研究への、このC14年代測定法の応用は多大な意義をもっている。しかし、たとえ最先端技術であれ、科学ないし科学的方法はけっして無謬ではない。その時々の科学的テーゼが一時の仮説にすぎず、またその時々の最先端技術が常に意図せざる帰結やリスクをともない、ある種の限界をもっていることを一番よく知っているのは、科学者自身である。歴史学上・考古学上の年代決定に絡んで生じる様々な誤謬や限界を乗り越えるのに必要なのは、放射性同位体などを研究する自然科学系の業績や判断のみではない。まずもって歴史学・考古学など人文社会系の研究成果や倫理学上の検討が必要であり、さらには文理境界領域における複合的視点や重層的価値判断もまた問われる。

　いかに貴重な文化財であれ無形でないかぎり物質で成り立っているから、多くは風化や損壊を受けて残欠をさらすかすっかり消滅してきた。しかし、コンピュータグラフィックス（CG）など最新の科学技術の成果を応用すれば、過去の形状を容易に三次元に復元できる。開眼時の奈良の大仏や古代ギリシアの大劇場を、我々はなんとか復元できるのだ。文化財の理解のためには、このように理工系の知識と技術が是非とも必要である。その際、そうした科学技術の一端を人文社会系の研究者が身につければ、鬼に金棒である。そのように理工系と人文社会系双方の研究者が協力しあってこそ、真の文化財科学が成立する。これまでは美術史や考古学の補助としか考えられていなかったこの領域を新しい観点から捉え直し、文理融合・諸学複合の一学問として確立させる、これが文化財科学の使命である。2000年4月から2020年3月まで東京電機大学理工学に開設されてあった石塚正英研究室は、そうした複合科学を扱っていた。

　本節の目的は、歴史史料、埋蔵資料、土木建築物遺産、美術工芸遺産など様々な文化財に関する保存方法、年代測定、産地同定、材料分析、歴史的生活環境復元、示準化石・古生物調査などにかかわる研究部門、いわゆる文化財科学に対して歴史研究者はどのように関わるべきか、という問題の検討である。

(2) 事例の検討

　検討の第一として、歴史学界・考古学界で定説と認められていた学説・テーゼがその時々の先端技術を駆使した調査方法によって偽造・捏造であったことが判明した事例を紹介する。

　まずは 2000 年に日本で発生した事例から。同年 11 月、東北旧石器文化研究所の副理事長（当時）だった藤村新一は、宮城県築館町の上高森遺跡や北海道新十津川町の総進不動坂遺跡で旧石器発掘の捏造を行っていたことを認めた。2003 年 3 月の新聞記事によると、藤村のおかした捏造は甚大な数にのぼることが判明した。

> 東北旧石器文化研究所の前副理事長による旧石器ねつ造問題をめぐり、県教委が進めてきた検証作業で、県内の『前・中期旧石器遺跡』はすべて幻と消え、総崩れの状態となった。同教委が 28 日発表した、前副理事長関与の県内 148 遺跡の検証結果によると、『出土石器などに疑わしい点がある』として旧石器登録を削除したのは、『原人の里』の高森遺跡（築館町）を含む 129 カ所。これで 2000 年 11 月の発覚以来続いた旧石器ねつ造問題には一応の区切りがついたものの、関係自治体などには改めて深刻な後遺症が残りそうだ（☆ 10）。

　これと同様の捏造事件は、かつて 1908 年にイギリスのピルトダウンで「発見された化石頭蓋骨片」をめぐって発生した。名付けて「ピルトダウン人事件」。この「化石」は、頭蓋冠と臼歯が人間で下顎骨が類人猿というものだった。そこから、イギリス人の祖先は猿と共通というよりはかなり大きな容積の脳をもっていた、と推定されたのである。この推定は容易に「確実」となり「事実」となった。その動向は、ダーウィン進化論を承認したくない人々やイギリス人の民族的優越性を求める人びとの歓迎するところとなった。しかし 1949 年、フッ素年代測定法で科学的に調査し直したところ、この化石は新しいものであることが判明した。しかも、下顎骨はオラウータンのもので、臼歯は加工され、蓋骨片は古く見せかかるため彩色されていた。こうして 1953 年、この一件は捏造事件として大々的に暴露報道されることとなったのである（☆ 11）。

　次に、意図的な偽造や捏造ではないものの、科学的な調査結果如何によっ

て定説が大きく修正される可能性を秘めた事例をみる。それは古代エジプト文明の象徴であるスフィンクスの造立年代に関するものである。ナイル河口デルタ地帯では、同地がナポレオンに占領された18世紀末からイギリスの植民地になる19世紀末～20世紀初にかけて断続的に、ヨーロッパ各国の考古学者や古文書学者が文化財調査を行なった。その一つに、今もギゼーに遺る三大ピラミッドやスフィンクスの造営年代調査がある。その調査に携わったイギリスの考古学者たちは、結論として、スフィンクスはピラミッドの守護神であり、いわば添え物として造られたとした。例えばカフラー王のピラミッドには亡き王の顔に似せて造られたスフィンクスが鎮座している、というのである。この学説は、20世紀後半に至り、大きな修正を迫られることになる。

18世紀末には、ピラミッドは胴体部が砂に埋もれ頭部から頸部のみ露出していた。そのためしばらくは判断できなかったのだが、カナダのマニトバ大学教授の気候地質学者ロバート・ショックによると、胴体部にはピラミッドが造営されるより数千年前に長期の降雨によってできた縦縞の浸食跡がある。また、スフィンクスの胴体部は花崗岩、頭部は石灰岩でできていて、頭部は余所から運んできたとも推定できるが胴体部は元来ギゼーにあった。ショックの調査は頭部でなく胴体部についてのものであるから、新たな仮説としては十分意義をもつのであった（☆12）。

また早稲田大学の考古学者吉村作治によると、スフィンクスとは現地語「シェプスアンク」の訛った表現である。それは、像を意味するシェプスと神を意味するアンクの複合語で、「神の像」とか「神の姿」とかを意味する。つまりスフィンクスそれ自体がすでに単独の神であり、他神の守護神や添え物ではなく、ギゼーにピラミッド群ができる紀元前3000年前後よりもはるか以前から同地に存在した（☆13）。

上記の事例群中、吉村説を除いて、ほかは大なり小なり科学的調査方法に依拠して通説を偽造ないし変更しようとしている。日本における旧石器捏造事件にしても、従来培われてきた旧石器型式学研究の推理眼をあざ笑うようにして、藤村は科学的年代測定法に即して捏造を行っているのである。ようするに、ハイテクを駆使した最先端科学の応用は、歴史や考古学などの学問研究に対して、促進であれ阻害（捏造・偽造）であれ、どちらにも多大な影響を及ぼしてしまうことになる。

第5章　日本文化の幹細胞たる裏日本縄文文化　　83

3. 弥生右翼の固有民族ヤマト論―万世一系論

(1) 古代日本にトーテミズムを想定する

　クビキに暮らす人々には、奴奈川姫（沼河比売、ヌナカハヒメ）と八千矛（ヤチホコ）あるいは大国主との恋物語はなじみである。私は、夫が妻のもとに出かける形式の婚姻形態、妻問婚を特徴とするこの神話物語に、族外婚あるいはトーテミズム（祖霊信仰の一種）の遺制を読み取ろうと研究してきた。先史時代における海外からの移入かもしれないが、ヤチホコからヌナカハヒメへの妻問婚神話が成立する前提として、イヅモ民族とコシ民族の間での族外婚的交流の存在が想定される。神話の背後にはそれを成立させた現実＝史実や習俗が存在している。神話の中には、史実そのものではないが、古代人の社会とそれに関する彼らの記憶が存在するのである。

　族外婚的交流には両民族に崇拝される祖霊神つまりトーテム神が介在している。ではヌナカハヒメに率いられる高志の民族は何をトーテム神としていただろうか。ヤチホコはイヅモ系であると仮定すると、トーテム神は例えばヘビの可能性が高い。ヌナカハヒメの場合、目に付くものは翡翠であって動物ではない。ただし、翡翠はカワセミのことを指しており、ヤチホコが夜這いにきたときヌナカハヒメを護ったのが鳥であり、ヤチホコが正妻スセリヒメのもとに戻るに際しての歌に「そに鳥の青き御衣を」脱ぎ捨てるとある点を考慮すると、なにか青い羽毛をまとった鳥類が介在しているかも知れない。

　農耕を営むヌナカハヒメの部落に、たくさんの矛（ヤチホコ）を持って移動や戦いを生業とするヤチホコの一隊がやってきてしばらく逗留し、子孫をもうけたあと独り身で別天地に移っていった、というようにもなる。イヅモのヤチホコ一族がコシのヌナカハヒメ一族のお世話になるのだった。ヌナカハヒメあるいはコシ民族の母たちは、自地に迎え入れたヤチホコあるいはイヅモ民族の父たちから、なるほど政治的には支配されたものの宗教的には畏怖され、イヅモ・コシ両民族の血を受け継いで高志に育つ子どもたちからは絶大な尊敬の念が払われた、という見方ができるのである（☆14）。

　しかし、その見方は斬新なものであり、オーソドックスな見方ではない。後者においては、まえもってイヅモがコシを征服してあったところへ、今

度は、ヤマトがイヅモを征服した、と見る。あるいは、まえもってイヅモがコシを征服してあったところへ、今度は、ヤマトがイヅモについでコシを併合した、と見る。そうした見方は、記紀神話、狭義には伊勢神話に書き止められ、万世一系の皇統を打ち立てている筋書きである。だがここで私は、万世一系について、弥生右翼的発想を示してみたい。

(2)〔万世一系〕の意義に関する伊勢神宮の説明

10年ほど以前、2014年1月1日、NHKスペシャル「シリーズ遷宮」の第1回として、「伊勢神宮～アマテラスの謎～」が放映された。NHKの当該番組 home-page には以下の説明が読まれる。

> 2013年、伊勢神宮と出雲大社は社を新たにして御神体を移す"遷宮"を迎えた。伊勢は20年に一度、出雲は60年ぶりのことで、これまで映像記録がほとんど残っていない。番組では、数年がかりで行われた二つの遷宮の全貌を紹介。併せて、伊勢の神・アマテラスと出雲の神・オオクニヌシがいかにして日本の建国神話を代表する神となっていったのか、最新の研究を通して探っていく。遷宮を入り口に、古代日本の謎に迫るシリーズである。
> 第1回　伊勢神宮　～アマテラスの謎～
> 神宮の内宮・外宮などの社や神宝、装束を全て新しく作り直す式年遷宮。中でも最も重要な儀式、列をなして御神体を移す"遷御の儀"について、神宮内の研究者から新たな見解が示された－"天孫降臨神話の再演"。アマテラスが孫を統治者として地上に送った神話を繰り返し演じているというのである。1300年前に式年遷宮を始めたのは持統天皇。藤原京を建設し「日本書紀」を纏め、"日本""天皇"という語を使い始めた時代の女帝である。子どもを亡くし苦労して"孫"に皇位を継承した持統は、自らをアマテラスと重ね合わせていたのではないか？ 皇位の継承や国家の威信のためにはアマテラスが必要だったのではないか？ 日本という国が誕生した時代の知られざる物語に、最新の研究で迫る（☆15）。

(3) TV鑑賞後の石塚によるまとめ

1966年に制定された建国記念の日の式典は、コロナ禍を通じても処々で挙行された。その際、その記念スピーチで、よく「神武天皇以来の万世

一系」といういい方がなされる。けれども、それは伊勢神宮に伝わる内容と違っている。神宮では、瓊瓊杵尊（ニニギノミコト）以来の一系であって、曽孫の神武天皇からでない。それからまた、神武→綏靖→安寧→、という意味での継起的累代ではない。ニニギ→神武、ニニギ→綏靖、ニニギ→安寧、という原初→後継、という意味での直結的累代である。その意味で万世一系なのである。2020年7月に新潟県上越市で行った文化講座「大嘗祭における呪術性の再検討」（石塚担当、NPO くびき野カレッジ天地びと）の内容を振り返りながら（☆16）、以下において概略を説明したい。

　天皇家の祖先である瓊瓊杵尊（ニニギノミコト）は、祖母にあたる天照大神から鏡を預かり、雲のスロープを伝わって天上から地上に降り立つ。天孫降臨である。現在、その鏡は伊勢神宮に御神体として安置されている。伊勢神宮では、20年に一度の遷宮（遷御の儀）にあたり、旧殿から新殿に白い布が敷かれるが、それは再現された雲の道である。夜8時、神職が発する鶏の鳴き声を合図に、神職に担われた鏡が白い布道を移動する。まさしく天孫降臨神話の再現である。

　2014年元日に放送されたNHKスペシャル「シリーズ遷宮」第1回の「伊勢神宮」の中で、権禰宜である吉川竜実は、以下のような内容の説明をした。歴代の天皇は、即位（大嘗祭）に際して、先代の天皇から神霊を受け継ぐのではなく、ニニギから直接に神霊を受け取る。つまり原初回帰を繰り返して系を繋ぐ。これが万世一系の意味である。以上の説明をもとにすれば歴代天皇間の肉体的な受け継ぎは副次的である。壬申の乱など、一見すると直系から傍系への変更ないし断絶があるように見えるが、系統はその時々の天皇2代間の授受によるのでなく、たえずニニギに返って受け継がれるのである。ニニギの神霊を身に受けたものが直系なのであって、それは血統の遠近に優先する。よって、遷御の儀や大嘗祭がニニギ回帰を介して系統的に受け継がれる限り、万世一系が途絶えることはない。

　その際、神霊の受け継ぎ方は、おそらく穀物即ちコメの食事によってである。そして、このコメないし稲こそ神霊＝稲魂を宿す身体なのである。神を食う儀礼が大嘗祭、新嘗祭なのだ。そこからは、私の研究領域、フレイザー『金枝篇』のドラマトゥルギー（演劇観察の場）である。ちなみに、吉川氏の説明は、折口信夫が『大嘗祭の本義』（昭和3年講演筆記）で説く内容と一致している。以下に引用する。

春といふのは、吾々の生活を原始的な状態に戻さうとする時であつて、其には、除夜の晩から初春にかけて、原始風な信仰行事が、繰り返される事になつてゐる。つまり、原始時代に一度あつた事を毎年、春に繰り返すのである。古代の考へでは、暦も一年限りであつた。国の一番始めと、春とは同一である、との信仰である。此事からして、天子様が初春に仰せられる御言葉は、神代の昔、にゝぎの尊が仰せられた言葉と、同一である。又、真床覆衾（まどこおぶすま）を被られ、其をはねのけて起たれた神事、そして、日の皇子となられた事など、其がつまり、代々の天子様が行はせられる、初春の行事の姿となつて居るのである（七から）（☆17）。

　ところで、万世一系に関連する記述として、小森義峯「天皇制の比較憲法的特色」から引用する。

日本では、第1代・神武天皇から数えて今上陛下に至るまで、同一の血統に属する125代の天皇が連綿として皇位を継承なされているだけでなく、神武天皇以前においても、その血統は、記紀の神話の中で、皇祖天照大神にまで遡り、さらに遡れば、天地初発の時に成りあめのみなかぬしのませる天之御中主神にまで遡ることができる（☆18）。

　かつて私は、上記引用文の議論や、以下に挙げる徳富猪一郎の議論をもって弥生右翼論を定義していた、――「日本は万世一系の天皇に依って統治せらるる国である。日本は天祖天孫の肇め給いし国である。日本は皇室が本幹となって、国民はそれより分岐し、若しくはそれに付随し来たれるものである」（☆19）。けれども、いまは例の「ニニギ回帰」「直結的累代」をもって弥生右翼論を定義し直している。1889年（明治22年）『（旧）皇室典範』制定に当たって伊藤博文は、皇位継承における万世不変の原則として、以下の3項目を挙げた。「第一　皇祚を践むは皇胤に限る」「第二　皇祚を践むは男系に限る」「第三　皇祚は一系にして分裂すべからず」。また、大日本帝国憲法では次のように記されている――「第一條　大日本帝国ハ万世一系ノ天皇之ヲ統治ス」（☆20）。そのすべては、ニニギに回帰する意味での万世一系であらねば正確でない、私はそう考えるに至っている。

4．弥生左翼の東海＝日本海内海論

(1) 7世紀の半島人と列島人

　6〜7世紀にかけて、とくに百済（ペクチェ）滅亡の7世紀後期には、朝鮮半島から多くの有識者や技術者が日本列島に移住した。知識や技術、文物制度をもった人々が移住してくれば、それは朝鮮古代文化の伝播ということになる。しかも、移住してきた人あるいはその子孫が、やがて日本をリードすることにでもなれば、移住先は居住地＝根拠地ということになってくる。ここに、かつての半島人はいまや列島人（のちの日本人）に吸収されることになったのだった。そのような事例の一つに、古代ギリシア哲学の先駆イオニア学派がある。その代表者タレース（紀元前7‑6世紀）はギリシア人といわれるがそれは正確でなく、小アジア（アナトリア半島）のイオニア地方の交易都市ミレトスでフェニキア人の家系に生まれている。つまり彼は、ギリシア系文化を担うアジア系住民という複合文化人である。血統でなく文化人としてのギリシア人なのである。そのような位置取りを認めるならば、6‑7世紀に仏教や道教を受け入れた列島人は文化面では中国大陸人か朝鮮半島人かに同化したのである。こうして、6‑7世紀までの半島人と列島人とは、半島と列島という2極を軸にもちつつ相互に同化と吸収の現象を被る楕円の連合社会を形成していたのである。

　そのような圏域内部にあって、一方では半島文化が広隆寺に弥勒半跏思惟像をもたらし、他方では列島文化が朝鮮半島西南部に前方後円墳をもたらしたのだが、その際、文化伝播（発信地―受信地）の類型は以下のように区分できる。

　　① 発信地の素材を用いて発信地の技術者がつくり、完成品のみが受信地にとどく。

　　② 発信地の素材および技術者が受信地に移動し、受信地で完成品をつくる。

　　③ 発信地の技術者が受信地に移動し、受信地の素材で完成品をつくる。

　　④ 発信地で技術を習得した受信地の者が、発信地の素材で完成品をつくり受信地に持ち帰る。

⑤ 発信地で技術を習得した受信地の者が、発信地の素材を受信地に持ち帰り完成品をつくる。

⑥ 発信地で技術を習得した受信地の者が受信地に帰り、受信地の素材で完成品をつくる。

⑦ 発信地の技術者が受信地に移動し、受信地の者に技術を教え、受信地の修得者が受信地の素材でつくる。

この一覧を広隆寺の菩薩半跏思惟像に当てはめてみると、①か②に該当する。技術は①〜⑦すべて発信地すなわち朝鮮半島のものである。よって、菩薩半跏思惟像は半島文化に起因する。ただし、6‐7世紀の半島と列島の居住民は、とくに新羅人・百済人を介して、楕円の2極のように連携していたという先ほどの指摘が重要である。ようするに、半島から移動してきた人々の一部は、列島を活動の地、生活の地の一部とみなすようになったのである。文化はすべからく諸要素のアンサンブルである。菩薩半跏思惟像に当てはめるならば、ガンダーラ→西域→中国→半島→列島のアンサンブルである（☆21）。その点を考慮するならば、菩薩半跏思惟像は半島文化に所属するか列島文化に所属するかという問いの立て方それ自体が、文化の領域では意味をなさないと言える。議論に厚みを持たせる意味で、ここに別の事例を紹介する。

『日本書紀』持統3年（689年）の箇所を読むと、持統天皇はコシの蝦夷と南九州の隼人に対して、仏教による教化政策を採ったことがわかる。その頃のコシにヤマトの文化はまだ充分には及んでいなかった。さらに記述を読み進めると、蝦夷・隼人のうち、後者には筑紫大宰の河内王に命じて公伝仏教の僧を派遣して強化政策を推進したが、コシの蝦夷に対しては仏像一体と仏具を送るにとどめた。ようするに当時の越には環日本海的・北陸沿岸的仏教世界が存在したのである。道信など自前の僧もいた。仏像を送られたコシ文化圏では、それより半世紀以上前に、朝鮮半島から木彫仏あるいはそれを彫る職人が渡来しているのだった（☆22）。

その証拠は現存している。上野の東京国立博物館（本館2階）に展示されている木彫「菩薩立像」である。高さ約93センチの像背面に張られた古紙によれば、聖徳太子の時代（7世紀初期）に関係することが確認される。この像は、横から見ると厚みはなく百済観音（クスノキ、7世紀前‐中期、法隆寺蔵）に似ているが、表情はもっと西方のシルクロードを偲ばせる。

像容は素朴で、止利仏師の様式とは一線を画している。アルカイック・スマイルがそこはかとなく伺われる。ただし、用材はクスノキなので、日本海沿岸のコシのどこかで造られたものだろう。

　東京国立博物館（法隆寺宝物館）には、同じ7世紀だが後半に造られた木彫「如来立像」がある。2012年7月に見学した。宝物館にある同様の飛鳥諸仏（金銅菩薩立像・金銅如来立像）と同類系だが、唯一木造なのである。これは他の金銅諸仏と同じく朝鮮三国の感化を受けつつも国産で止利様式に含まれる。アルカイック・スマイル「菩薩立像」と止利様式「如来立像」の2体を比較してみると、越の一帯で信仰を集めた「菩薩立像」は「裏日本」がその昔は「内日本」（フロント）で、「表日本」が「外日本」（ヒンターランド）であったことを物語っている。新潟県の信越県境、妙高山麓の関山神社には朝鮮三国時代の金銅菩薩立像が神体として現存している。数年前にそれを実見した私はこう推理する。このような渡来系菩薩諸像を手にしたコシの生活者は、6世紀から7世紀にかけて、自前で僧侶を育成しつつ仏教をコシに見合うよう土着化していった、と。その過程はヤマトの「公伝仏教」と一線を画し、関山神社妙高堂に安置されている脱衣婆像にみられるように、道教系の民間信仰と習合しながら展開したのであろう。結論を記すと、コシの木彫菩薩立像は朝鮮半島から渡って来た半島民族のいずれかが日本海沿岸で日本のクスノキを用材にして造ったもので、〈半島民族の技術＋日本列島の素材〉という複合文化である。上記の類型でみると、③か⑥あるいは⑦に該当する。

　半島文化と列島文化の交流を物語るもう一つの事例を見る。それは獅子像ないし狛犬像である。そのルーツは古代エジプトのスフィンクス像に確認できる。古代において、同じ獅子像であっても、たとえばエジプトと西域（敦煌）、半島（慶州）、裏日本沿岸（新潟県頸城地方）のそれでは、信仰や儀礼の意味が違った。それぞれに独自の文化を体現していた。〔共通の造形＋個別の観念〕という複合文化である。その一つ、頸城野にはたくさんの木彫狛犬像が残存している。たとえば、三和区の五十公神社に阿形一体（鎌倉時代）、浦川原区の白山神社に一対（鎌倉後期・低姿勢）、五智の居多神社に一対（鎌倉時代後期・かなり風化）、十日町市松代の松苧神社に一対（室町時代・鏡を背に）、糸魚川市宮平の剣神社に二対（室町時代）、安塚区の安塚神社に一対（室町時代・茶褐色の色彩）。上越市本町1丁目

の春日神社に一対（江戸時代初期）。これらの狛犬のうち、鎌倉期のものはおおむね新羅系仏教文化の影響下に誕生したもので、敦煌など西域の獅子像の印象を残している。これを私は「シルクロード型」と類型化している。それに対して、角と宝珠を戴いた安塚神社や春日神社のものは日本国内で多少なりの変化を遂げたもので、私は「狛犬唐獅子型」と類型化している。

　ところで朝鮮半島の獅子石像は、古新羅から統一新羅時代までは西域の影響下にあった。その結果、新羅（シルラ）ではスフィンクスのように堂々たる獅子が単体の神像として完成した。仏国寺（プルグサ）の多宝塔に鎮座する1基はその典型である。高麗時代以降の朝鮮半島では、神使・眷属のようにして獅子頭のみ空想上の生物ヘテと習合して特徴ある様式に変化しつつ、塔の台座や神殿・王宮の欄干・石階段の手すりにあしらわれるようになった。けれども日本では、とくに裏日本沿岸では単体の獅子像が狛犬となって刻まれ続けたのである。

　獅子信仰は獅子石像の外観をまとって朝鮮半島東岸から日本海（東海）に船出し、黒潮に流されて能登半島・佐渡ケ島、そしてクビキの海岸に上陸した模様である。それはコシにおいて土着文化と習合した。それは生活に密着していった。たとえば中央ではすでに寄木造りの仏像が当たり前になっても、裏日本では依然として桂や檜、欅で一木彫りの仏像が造られていくのだった。狛犬も同様だった。五十公神社の阿形一体、居多神社の一対、剣神社の二対の造形をみると、江戸期に増産される唐獅子石像との相違を容易に発見できよう。高麗犬石像の先駆である仏国寺石獅子に近いと実感することだろう。「コマ」とは必ずしも「高麗」のことでなく、たんに外国＝異郷という意味をもつ時代もあった。そのような語意を意識しつつ、頸城野における狛犬のルーツを類型にすると「シルクロード獅子型」ということになろう。獅子＝狛犬の伝播経路をこのように考察してみて、半島と列島は古代において楕円社会であったことが再確認されよう（☆23）。

（2）近代からの逆読み

　では、いつごろ半島と列島は切り離されだしたのだろうか。660年に首都陥落でもって百済が滅ぼされたとき、日本（天智天皇、位661-671）は、国内が大化改新（645）後まもないにもかかわらず、救いを求める百済に対してまずは662年阿部比羅夫を遣わした。翌年、今度は百済再興を意

図して半島に水軍をおくり、663年錦江河口の白村江（白江）で唐軍と衝突した。これに大敗した日本は、一時唐と不和に陥り、新羅からの朝貢も途絶えたが、しかし、まもなく両国との関係を修復した。その後8世紀に入ってからは、遣唐使を続行するほか、渤海からも朝貢を受けることになる。このようにして日本は、唐の冊封体制外にありながら、終始環日本海の国際秩序の中で活路を見いだそうとし、その範囲内において新羅や渤海と小冊封を結ぼうとしたのだった。

　中国を中心とするこのような国際秩序は、遣唐使廃止後にも私的なレベルを通じて間接的に維持され、やがて中国で明（1368-1644）が、日本で室町幕府（1338-1573）が成立するに及んでふたたび国家レベルで登場する。このようにして見てくれば、日本列島と朝鮮半島の関係は、古代から中世にかけて歴代の中国王朝が能動的に行なった冊封を軸とする国際秩序の内部におかれ、その体制に大きく規定されながら発展したと結論づけることができる。朝鮮通信使の動向もその体制に規定されていた。

　半島・列島切り離しの動きは明治維新後に加速し深刻となっていく。征韓論（1873）や江華島事件（1875）、そして日清戦争（1894-95）で事態は後戻り不可能となった。その間に、日本政府は国民国家とか日本国民の創出に躍起となるのだった。じつのところ、そのような概念や枠組みは近代が生み出した、近代に固有の歴史的概念、擬制でしかない。「国民」とか「国民文化」とかいうのは、身近な例を挙げれば明治政府が上から統合政策の一環として創出した概念を指す政策レベルのものであり、万世一系とか単一の大和民族とか、ようするに一種の擬制である。それ以上のものではあり得ない。

　しかし、そのような擬制はおおいに現実有効性・効力を秘めていた。研究者の中谷猛は言う。

　　ともあれ明治政府は、戸籍法を制定し戸主・『家』制度の構築をめざし、そのもとで一人ひとりの個人を掌握しようとした。しかしそれは法的個人という次元にすぎない。一方、近代軍制の次元での諸個人の国家への統合とは、家族関係や宗門のみならず上述のようにかれらの個人的特徴の詳細きわまる把握まで含んでいた。その意味で徴兵制こそまさに個人を丸ごと国家に統合する装置にほかならない（☆24）。

研究者の松宮秀治は言う。

　ミュージアムの開館に歴史的、象徴的意味がこめられることが多い。ルーブル美術館の場合がもっとも顕著な事例となるが、その開館は王政打倒の記念とブルボン王朝の遺産の国民化の象徴となっているのである。つまり、王政期の特権的な奢侈と浪費の証拠品が、『ミュージアム』化という禊と清めの儀礼を経て『文化財』『芸術品』に添加することで、国民共有の財産、人類の遺産として登録され、象徴的意味を担わされたということである。（中略）大英博物館は国民による国民のための博物館という象徴的意味を担っている（☆25）。

さらには、研究者西川長夫は次のように言う。

　国民化はほぼ文明化といってよいと思います。日本では明治の初めには「文明開化」の名のもとに国民化が行われました。教育や文化がこの国民化＝文明化に大きな役割を果たす。何よりも愛国心を育て、市民道徳を守る一方では、戦争が起これば他国の人間を殺すことも辞さない恐ろしい人間を作り上げることが国民化であり、国民文化とはそのよりどころを与えるもの、あるいはこのようなレベルの国民化を総称して国民文化ということができるかもしれません」（☆26）。

　近代の基本原理に「人は生まれながらに自由で平等だ」という発想がある。近代市民社会と個人主義の概念が発達してきたヨーロッパでこのような宣言が発せられたのだが、ここで力説される「人」は、国家の構成員、つまり国民としての人である。それは、人が法的に帰属している国家の構成員として、相互に自由で平等、ということを意味する。
　そうなると、本来個人から出発していたはずの国家＝相互関係が、こんどは逆転して、国家＝相互関係から出発して個人が規定されるという転倒現象が生まれる。個人が何を考えるか、どんな価値基準をもっているかから出発するのでなく、その人が帰属する国家が何を考えどんな価値基準をもっているかから出発する。そのような意識が明治維新後の日本政府は「国

民」に求めだしたのである。このとき以来、日本列島には「日本国民」の
みが「戸籍」をもって居住する権利をあたえられることと観念されたので
ある。

そのようにして国民化政策が進められると、日本列島居住者は「国民」
としてのアイデンティティをもつことになる。その象徴が「国民文化」「伝
統文化」であり、それを収納するナショナル・ミュージアム＝国立博物館
だった。そして、そこに展示される第一の「文化財」は、国宝（彫刻）第
1号、広隆寺「宝冠弥勒菩薩半跏思惟像」だったのである。

日本では、とりわけ明治時代になって「文化」の意味に関して次のよう
な二分化が進んだ。一つは高級なもの、進んだものとしての文化である。
「文化的生活」「国民文化」などはこの典型であろう。これを私は〔文化の
第一類型〕と称している。そしていま一つは生活習慣・生業としての文化
である。「縄文文化」「農耕文化」などはこの典型だ。これを私は〔文化の
第二類型〕としている（☆27）。広隆寺「宝冠弥勒菩薩半跏思惟像」は第
一類型の筆頭となったのだった。また、前近代にあって本来は第二類型の
出自を有する歌舞伎や能楽は、明治維新後は国民的芸能に格上げとなった
のだった。

(3)「文化財」の成立

宝冠弥勒菩薩半跏思惟像はどこの国の文化財か？　という発想は国民国
家の時代に生まれた観念である。それ以前、とくに古代にあって広隆寺ほ
かの弥勒菩薩半跏諸像は、西端の地中海から東端の日本列島まで連なるシ
ルクロード上に生まれた混合・混在・融合文化を体現する信仰と儀礼の対
象であった。半島にも列島にも単一国家は存在していなかった。半島内、
列島内、そして半島と列島間において、民族—諸衆—の移動は絶えざる現
象だった。

さて、文化財とはいったい何か？　あるいは、国民文化とは何なのか？
研究者の鈴木良ほかによると、「近代日本には文化財を総称する概念はな
かった」のであり、のちに「法隆寺金堂火災を契機として1950年に文化
財保護法が制定され、以後、文化財という概念が定着していった」のであ
る（☆28）。

日本では最近まで概念としての文化財はなかったとしても、日本に文化

そのものがなかったと結論する人はいなかろう。だがその際、日本文化を①かつての日本人がつくったもの、②現在の生活者がつくりつつあるもの、に二分する程度のことで了解していては、文化を考える意味をもたない。文化をただそのように時代区分するだけですまさず、もう一歩踏み込んで考えるべきである。例えば和歌などは明らかに平安貴族など支配階層の文化であって、平安期の農民—庶衆—に関係するところが少ない。むろん万葉集には多少そうした類のものはあったが、平安期には稀だ。しかしながら農民たちは、真言仏教の摂取によって民間信仰の文化（石仏造立などによる農耕儀礼）を創っていった。現代でも、生活者の文化とか地域の文化とか、あるいは大人の文化、子どもの文化はありうる。ようするに文化とは「耕す」行為である。生活者を耕す、地域を耕す、大人を、子どもを、そして自分を耕す、という表現が相応しい。

　明治期以来日本政府がしきりに宣伝する国民文化や伝統文化、20世紀後半になって経済大国日本の企業が喧伝する先進文化やハイテク文化は存在するものの、それらは人為的であって意図的ですらある。そのような人為や意図に即して文化を創ろうとすると、そこにはともすると捏造や偽造といった事態が待ち受けるのである。20世紀初頭にイギリスで生じたピルトダウン人事件、20世紀末に日本で発覚した前期旧石器捏造事件の背景には、近現代の軍事大国イギリスや経済大国日本に「固有の文明や進歩はかくも古くからあればなぁ」との気運や期待が潜在することは、可能性として認めるべきだろう。また、豊かさの指標として生活様式と生活環境の自足的維持を見いだすのでなく、他者との比較におけるその優位的展開を求める価値観があることも見逃せないだろう（☆29）。

　ところで、文化は本来国家を超えている。文化は国家に管理統制されるものではない。逆に文化がさまざまな国家を生んできたのである。したがって、国家が文化を評価し等級化する〈文化勲章〉は哀しい制度であって本末転倒の極致なのである。　私は、「文化遺産」という表現はいいとして、「文化財」という括りは適切でないと思っている。「財」というのは、現在では概ね貨幣的価値にリンクしている。平成の大合併で、多くの「市町村文化財」が忘れ去られていったが、郷土や儀礼から切りはなされた貨幣的価値のない文化は「財」でなくなった。

　しかし、明治期以降、近代国民国家日本は、国民という同一性・同質性

を演出しようと、文化の領域において様々な手段を講じてきた。その代表が国宝指定であり、それを含む重要文化財（建造物・絵画・彫刻・工芸品・古文書・考古資料など）指定である。ただし、その指定に関係するものは、私なりの区分によると〔文化の第一類型〕に括られる。この価値序列から推すと路傍の崩れ石仏等〔文化の第二類型〕はまちがいなく〔文化の第一類型〕の背後に置かれるか、存在そのものを無視されることになる。それにひきかえ、能楽や歌舞伎などは〔伝統の再発見〕と称して日本固有の歌舞音楽に格上げされたのである。

　例えば、定朝に始まる定朝様や運慶快慶の鎌倉様式は定まった価値（文化の第一類型的価値）を獲得したが、野の石仏たちは仏教美術や造形美術の歴史上でほとんど価値や位置を持たないとされた。しかし、雑多な価値（文化の第二類型的価値）をもつ地域民俗文化にもそれなりのオリジナリティがある。たとえば、文字を介する文献史学は文字を解する第一文化的階層の歴史を伝える事が多いのに対して、有形であれ無形であれ民俗を介するフィールド研究は文字を解さない第二文化的階層の歴史を伝えることが多い。

　あらためて、人類文化は時代的重なりと地域的重なりがあって不思議はない、ということを確認したい。例えばトルコ（南東アナトリア地方）に12000年も以前の新石器時代に構築され紀元前8000年頃には埋められた遺跡「ギョベクリ・テペ」には、すべてが先史のままであるにも関わらず、野生種の穀物を耕作以前の土地で育てた形跡が残っている。①狩猟採集から②農耕への過渡的な遺跡である（☆30）。こうした資料を、まちがってもそのいずれかに割り振ってはならない。文化の形成と伝播の研究において、時代的ないし地域的重層性・複合性こそは、最重要な分析ポイントなのである。

むすび

　右翼（右派）と左翼（左派）の区別は、ナポレオンが皇帝となってから登場してきたようである。フランス革命中には急進民主主義的なジャコバン派と議会主義的なジロンド派が政権争奪を繰り広げた。ジャコバン派は議場の高いところを占めたので山岳派とも称されたが、議場における左右

の区別はなかった。それが、ナポレオンの時代になると、改革を求める勢力は皇帝からみて左側に並び、現状維持を主張する勢力は右側に並んだという。ようするに、政治的に急進か保守か、という区分である。さらに、19世紀30年代、ドイツのヘーゲル学派が分裂すると、宗教哲学の分野でダーフィト・シュトラウスがキリスト教批判を敢行してヘーゲル学派の左右分裂の口火を切った。ただし、彼は宗教的には左派だったが、政治的には守旧派すなわち右派に与していた。さらにさらに、20世紀に至って社会主義・共産主義の左翼政権が登場すると、これを打倒する勢力が内外に登場した。その際、左翼政権打倒を目指すグループは左派であり、その政権を維持するグループは右派となって、左右が反転した。

　本稿の冒頭で私は、結果論ではあるが、「縄文右翼と弥生左翼は共鳴しあい、縄文左翼と弥生右翼は共鳴しあう」と記した。私のオリジナル説であるが、一方には、ヤマトの域外に社会的基盤を求める縄文右翼がいて、他方には、ヤマト政権を悠久の縄文時代にまで〔架空的速やかに〕遡らせたい縄文左翼がいる。弥生の萌芽は縄文時代にあるとしたいのである。一方、ヤマトは単一王権のもとに万世一系を貫くとする弥生右翼がいて、他方、ヤマトは列島外の渡来系諸勢力が産み出したとする弥生左翼がいる。私は、日本文化という地域文化形成の出発点に縄文右翼を見出している。裏日本縄文文化は、21世紀のこんにちにあっても、日本文化の幹細胞として存在し続けている。

注

01 石塚正英「弥生左翼的日本史論―縄文右翼的紹介」『月刊フォーラム』第6巻・第2号、1995年、所収。石塚正英『歴史知とフェティシズム』理想社、2000年、150頁以降、再録。

02 石塚正英「先史と文明を仲介する前方後円墳の儀礼文化」、『頸城野郷土資料室学術研究部研究紀要』ディスカッションペーパー、Vol.6/No.18 2021.08.02. 参照。石塚正英『歴史知のオントロギー―文明を支える原初性』社会評論社、2021年、第13章、再録。https://www.jstage.jst.go.jp/article/kfa/6/18/6_1/_article/-char/ja

03 旧三和村の歴史一般については、以下の文献を参照。『三和村史』三和村村史編纂委員会編、2003年。

04 上越市で出土した海獣葡萄鏡については、以下の解説記事を参照。『広報じょうえつ』2002 年 11 月 1 日付。この 5 頁では、以下のように説明されている。「子安遺跡から完全な形で出土しました。この鏡は出土品の中では国内で四番目に大きいものです。日本には、飛鳥時代～奈良時代に唐（中国）からもたらされ、古代の朝廷や貴族の間で珍重されました。この鏡が、さらに東国の越後の子安遺跡から発見されたのはなぜでしょう。／子安遺跡周辺は以前から越後の国府が置かれていた有力な場所の一つと考えられています。中央と直結する有力者が住み、高い文化があったことを物語っているかのようです」。

05 網野善彦『「日本」とは何か』講談社、2000 年、参照。

06 平野団三『頸城古仏の探究』東京電機大学理工学部・石塚正英研究室刊、2000 年、9-10 頁。

07 石塚正英『信仰・儀礼・神仏虐待』世界書院、1995 年、87 頁以降、参照。

08 三和村文化財調査審議会編『三和村の大光寺石』三和村教育委員会、1984 年、参照。

09 朝日新聞、2003 年 5 月 20 日付（インターネット版）。

10 毎日新聞 2003 年 3 月 29 日宮城版（インターネット版）。

11 F・スペンサー、山口敏訳『ピルトダウン』、みすず書房、1996 年、参照。

12 ショック・マクナリー共著、大地舜訳『神々の声』飛鳥書房新社、1999 年、参照。なお、本書の原題は "Voices of the rocks" すなわち、「岩たちの声」である。

13 吉村作治『ピラミッドの謎』講談社、1979 年。同『超古代　ピラミッドとスフィンクス』吉村作治著、平凡社、1997 年。同『痛快！ピラミッド学』吉村作治著、集英社インターナショナル、2001 年。ほか多くの吉村作治著作参照。

14 石塚正英「神話のなかの族外婚―ヤチホコ・ヌナカハヒメを事例に」、同『母権・神話・儀礼―ドローメノン（神態的所作）』社会評論社、2015 年、第 3 章、参照。

15 NHK スペシャル「シリーズ遷宮」の第 1 回として、「伊勢神宮～アマテラスの謎～」

https://www.nhk.or.jp/special/backnumber/20140101.html

16 石塚正英「大嘗祭における呪術性の再検討―折口・フレイザー・ド＝ブロスをヒントに」、『頸城野郷土資料室学術研究部研究紀要』ディスカッションペーパー、Vol.5/No.2, 2020.03.09　参照。

https://www.jstage.jst.go.jp/article/kfa/5/2/5_1/_article/-char/ja

17 折口信夫「大嘗祭の本義」、青空文庫（図書カード：No.18411）から引用。
https://www.aozora.gr.jp/cards/000933/card18411.html

18 小森義峯「天皇制の比較憲法的特色―万世一系と祭祀と詔勅」、『憲法論叢』第12号、2005年、59頁。
https://www.jstage.jst.go.jp/article/houseiken/12/0/12_KJ00003981934/_pdf/-char/ja

19 徳富猪一郎（蘇峰）『宣戦の大詔』東京日日新聞社・大阪毎日新聞社、1942年、5頁。
なお本書で徳富は、以下のように、彼一流の議論を組み立てている。
我国に移住したる者は、必ずしも近き朝鮮とか、若しくは福建とかいうばかりでなく、随分遠方から来た者のあった事は、勿論であって、我が奈良朝の時にも林邑や、印度から来りたる者のあった事は、国史に明記せられている通りである。／されば日本は我が巍々蕩々たる皇徳の下に、殆んど世界人類の展覧会と云う可き程に種々の人種が来り集まったものであると想像する事も、決して無稽の妄説ではるまい。／然るに何故にそれらの異分子の痕跡を留めず、渾然たる一種の大和民族化したるかと云えば、それは我等の君にして父に在します天皇が、其の広大無辺の皇徳を以って、恰も太陽が其熱と光とを以って総てのものを融かし、総てのものを照め、総てのものを発育せしむるが如く、遂に民族の本幹であり、中枢である我が皇室に依って、大和民族に生成せられたものと見るが、適当なる解釈であろう。同、23-24頁。

20 所功「「万世一系の天皇」に関する覚書」、『産大法学』第39巻3・4号、2006年、参照。

21 久野健『仏像のきた道』NHKブックス、1985年、宮治昭『ガンダーラ仏の不思議』講談社選書メチエ、1996年、参照。

22 久野健『仏像風土記』NHKブックス、1979年、118頁。

23 石塚正英「頸城野に残る木彫狛犬像について」、NPO法人頸城野郷土資料室編『「裏日本」文化ルネッサンス』社会評論社、2010年、所収。

24 中谷猛「近代日本における軍制と『国民』の創出」、西川長夫・松宮秀治編『幕末・明治期の国民国家形成と文化変容』新曜社、1995年、245頁。

25 松宮秀治「明治前期の博物館政策」、西川長夫・松宮秀治編『幕末・明治期の国民国家形成と文化変容』新曜社、1995年、273頁。

26 西川長夫『国民国家論の射程―あるいは〈国民〉という怪物について』柏書房、

1998 年、94 頁。

27「文化の二類型」について、簡潔な定義を示す。文化の第一類型は経済学でいう交換価値を有するもの、あるいは高級なもの、先端的なものとしての文化である。「宮廷文化」「国民文化」「デジタル文化」などはこの典型である。文化の第二類型は経済学でいう使用価値を有するもの、あるいは生活習慣・生業としての文化である。「縄文文化」「農耕文化」「漁労文化」などはこの典型である。耕作（cultivation）は文化（culture）と同類語である。第二類型は人類文化の通奏低音である。第一類型はその上にあって文明（civilization）に昇華している。

28 鈴木良・高木博志編『文化財と近代日本』山川出版社、2002 年、「はじめに」から。

29 石塚正英『歴史知と学問論』社会評論社、2007 年、100-101 頁。

30 トルコ南東部のギョベクリ・テペ遺跡は、2018 年に世界遺産に登録されたが、未だに全容は解明されていない。とりあえず以下の文献を参照。松原正毅『遊牧の人類史－構造とその起源－』岩波書店、2021 年。

☆本稿には、注記に示したもののほか、以下に記す幾つかの既刊拙稿からの部分的要約・転載・再編集が含まれている。

・「文化財科学と歴史家の任務─弥生時代は遡ったか？」、石塚正英『歴史知と学問論』社会評論社、2007 年、第 4 章。

・「頸城野の旧名「美守 (ひだもり)」と「五十君 (いぎみ)」の古代における読み仮名と意味」。『頸城野郷土資料室学術研究部研究紀要』Vol.4/No.1、2019 年。

・「プレ邪馬台国のごとき越の五十公野（ゐじみの、ゐぎみの)」、『頸城野郷土資料室学術研究部研究紀要』Vol.9/No.8、2024 年。

裏日本に燦然と輝く古代文化交流

あとがき

　昨年の秋（2024 年 11 月 28 日）、私は、昔からの友人 S さんの運転で、JR 我孫子駅から香取神宮まで、北総湿原ミニ旅行に出かけた。S さん、N さん、W さん、そして私の 4 名で一日を楽しんだ。見学地は、車で走行した利根川流域の明媚な風土――光と風、土の匂い――を筆頭に、おおよそ以下の立ち寄り地 6 ケ所。①手賀沼を眺望できる「水の館」。②日秀観音寺と将門神社、かまくら道。③西大作遺跡。④利根川の流れを満喫できる長門川の水門。⑤龍角寺と校倉作り史料庫。⑥香取神宮と幻の狛犬。

　午前 9 時に JR 我孫子駅に集合した。あっぱれな晴天で、身も心も弾んだ。S さん運転の軽自動車に乗り込み、まずは手賀沼に向かい、親水広場「水の館」4 階のドーム型展望室に立った。我孫子市のホームページに掲載されている資料（案内リーフレット）を見ると、「手賀沼を一望できるのはもちろんのこと、天気が良ければ富士山やスカイツリーまで望むことができる 360 度のパノラマ展望台で、双眼望遠鏡も楽しめます (100 円で 200 秒)」とある。快晴に恵まれたその日は、案内通りの展望が目に飛び込んできた。眼下に伸びゆく手賀大橋はとても素敵なデザインで、私は思わずヴンダバー！と声を発した。英語で言うとワンダフル！のことだが、その昔、南ドイツのボーデン湖を観光船で渡ったときの感激が、またもや沸いてきたのだった。

　私は手賀沼の古代にたいへん興味がある。とくに、その地形だ。たぶん、縄文海進によって海水が陸地の奥まで入り込み、その地形は後々に影響し、潟湖（汽水湖）を拠点とする水運が重要な役割を占めたはずなのだ。前々から私は、古代朝鮮半島と裏日本沿岸の民間交流に関心があり、曳舟行路を調べてきていたから気になる地形なのである。S さんが持参して下さった古代の手賀沼関係地図を見ながら、しばし私の蘊蓄を N さんや W さんは聞かされたわけである。

　この約 40 年、私は武蔵国（さいたま市）と頸城国（上越市）を往復して過ごしてきた。武蔵国では文明を支える原初性を探究する社会哲学者で

あり、頸城国では裏日本文化と古代日韓の民間文化交流のフィールドワーカーである。野を歩く友だちの筆頭は、高野恒男、廣田敏郎であり、韓国での調査旅行はもと東京新聞ソウル支局長の石塚伸司（実兄）から多大な配慮を受けた。そうした活動の拠点として、上越市御殿山に15年前から研究資料室を兼ねた〔感性文化研究室〕を構えている。本書はそのような生活スタイルの中で生まれたものである。フィールドワークの拠点である頸城野郷土資料室（since 2008）は、2024年12月をもってNPO法人格を解消し、任意団体として再出発することにした。以下に、本書の各論文の初出媒体を記しておく。

　　第1章 頸城文化、第58号、上越郷土研究会、2010年9月

　　第2章 くびき野カレッジ天地びと講座第328講（講義資料）、2017年10月

　　第3章 頸城野郷土資料室学術研究部研究紀要、第6巻第18号、2021年8月

　　第4章 頸城野郷土資料室学術研究部研究紀要、第6巻第20号、2021年9月

　　第5章 頸城野郷土資料室学術研究部研究紀要、フォーラム第135号、2024年8月

そのうち、第5章以外は『越後・久比岐野を経由する古代文化交流誌』（頸城野郷土資料室、2021年）と題して簡易製本し、関係機関に限定頒布してあった。今回はそれに第5章を増補して確定版として市販する。本書によってNPO法人頸城野郷土資料室（2008-24年）の活動歴を記念し、その価値を広く江湖に問うものである。

　本書刊行にあたり、ヌース出版の宮本明浩社主には特段のご高配を頂戴した。記して感謝するものである。

2025年1月 妻の75歳誕生日に
東京電機大学名誉教授 石塚正英

フィールド調査60年の記録（1965~2024）

（001）第4次野尻湖ナウマンゾウ化石発掘（ナウマンゾウ発掘調査団）参加、1965.3.下旬

（002）関山神社・石仏群調査、新潟県中頸城郡妙高村関山（笹川清信・関山明良・平野団三案内）、1991.8.6

（003）法定寺・雨降り地蔵調査、新潟県東頸城郡浦川原村／中頸城郡三和村（平野団三案内）、1991.8.10.

（004）法定寺・雨降り地蔵調査、新潟県東頸城郡浦川原村／安塚町／中頸城郡頸城村／吉川町（平野団三案内）、1992.7.31

（005）滝寺不動調査、新潟県上越市滝寺、1992.8.2

（006）弘法尊院・宇賀神調査、埼玉県与野市、1993.1.2

（007）卯之花山薬師・菓成寺大日如来・長泉寺薬師仏調査、新潟県新井市（平野団三案内）、1993.4.3

（008）稲荷神社・猿石調査、新潟県中頸城郡中郷村、1993.4.3

（009）諏訪大社春宮脇・万治の石仏調査、長野県諏訪郡下諏訪町、1993.4.10

（010）上峰・蛇頭庚申塔調査、埼玉県与野市、1993.7.6

（011）関山神社・火祭り調査、新潟県中頸城郡妙高村関山、1993.7.17

（012）金谷石仏群調査、新潟県上越市黒田・大貫・飯・中の俣諸地区（平野団三案内）、1993.7.18

（013）永福寺境内・蛇頭庚申塔調査、浦和市神田、1993.8.7

（014）丁張稲荷神社脇・丁張庚申塔調査、蕨市塚越5丁目、1993.8.7

（015）清泰寺境内、庚申塔群調査、浦和市大間木、1993.8.15

（016）奇妙山石仏群調査、長野県須坂市、1993.8.20

（017）住吉大社境内・四天王寺境内調査、大阪市住吉区・天王寺区（やすいわたか案内）、1993.8.25

（018）秋津神社・倶利迦羅不動調査、東京都東村山市秋津町、1993.9.18

（019）関山神社・岩屋弁財天調査、新潟県中頸城郡妙高村関山（笹川清信・関山明良案内）、1994.5.7

（020）吉川町石仏(尾神岳ほか)調査、新潟県中頸城郡吉川町（吉村博案内）、1994.5.8

（021）越柳雨降り地蔵・雨乞儀礼調査、新潟県中頸城郡三和村大字越柳（吉村博案内）、

1994.6.12

(022) 氷川神社・茅輪くぐり儀礼調査、埼玉県大宮市高鼻町、1994.6.27, 30

(023) 調神社・茅輪くぐり儀礼調査、埼玉県浦和市岸町、1994.7.5

(024) 氷川女体神社・名越祓（輪くぐり）儀礼調査、埼玉県浦和市宮本、1994.7.31

(025) 光福院境内・弁天堂・石蛇像調査、埼玉県三郷市早稲田、1994.8.16

(026) 頸城野・石龕祠群調査、上越市金谷・和田・三郷・新道・春日地区（吉川繁案内）、
1994.9.24

(027) 医王山・薬寿院・八王寺（通称・竹寺）茅輪調査、埼玉県飯能市中沢、
1995.5.3

(028) 柿崎・石仏調査、新潟県中頸城郡柿崎町黒岩・黒川地区（吉村博・吉川繁・関
山明良・笹川清信同行）、1995.5.21

(029) 釜山神社・山犬像調査、埼玉県大里郡寄居町風布、1995.8.27

(030) 宝登山神社・山犬像調査、埼玉県秩父郡長瀞町、1995.8.27

(031) 鎮西大社・諏訪神社・石神・狛犬群調査、長崎市上西山町、1995.10.20

(032) 李氏朝鮮時代ソウル・石仏（昌徳宮ほか）調査、韓国ソウル市、1996.2.27

(033) 御嶽神社・山犬像調査、埼玉県川口市芝樋ノ爪、1996.3.6

(034) 岩根神社・山犬像調査、埼玉県秩父郡長瀞町、1996.4.1

(035) 井上喜六氏所蔵・秩父産オオカミ頭骨調査、埼玉県秩父郡長瀞町、1996.4.1

(036) 安行原・藁蛇造り調査、埼玉県川口市安行原、1996.5.24

(037) 北国街道沿い中世仏調査、新潟県上越市和田地区（吉川繁案内）、1996.5.26

(038) 沖縄シーサ石像調査、沖縄県那覇市ほか、1996.7.19-21

(039) 雷電池・雨乞い儀礼調査、埼玉県鶴ケ島市脚折、1996.8.4

(040) 帰命頂来薬師調査、新潟県上越市上正善寺（吉川繁・吉村博案内）、1996.8.25

(041) 尾神岳大神社・観音堂・山頂三祠調査、新潟県中頸城郡吉川町（吉村博案内）、
1996.8.26

(042) 御殿場市大坂地区・板妻地区・道祖神像調査、静岡県御殿場市、1997.7.31

(043) 三峯神社・山犬像調査、埼玉県秩父郡大滝村、1997.8.8

(044) 精進湖北女坂峠・頸なし石仏調査、山梨県西八代郡上九一色村、1997.8.23

(045) 頸城地方・道標町石調査、新潟県中頸城郡中郷村ほか、1998.5.25

(046) 安曇野・道祖神塔調査、長野県南安曇郡穂高町、1998.9.13

(047) 白衣観音堂一二干支線刻石塔調査、埼玉県志木市幸町、1999.2.2

(048) 糸魚川市大久保地区・羅漢（玉瑞和尚）墳墓ほか調査、新潟県糸魚川市、

1999.5.16.

(049) 金谷不動沼・倶利伽羅不動尊（雨乞い石仏）調査、埼玉県東松山市、2000.07.18

(050) マルタ島・ゴゾ島巨石神殿・母神石像調査、マルタ共和国、2000.08.23 〜 29

(051) 三和村雨降り地蔵・大光寺石塔等調査、新潟県中頸城郡三和村（大坪晃案内）、2000.09.10

(052) 春日山林泉寺・五智国分寺ほか石仏石塔調査、新潟県上越市、2001.4.30

(053) 辻の獅子舞調査見学、浦和市南部領辻、2001.5.13

(054) マルタ島・ゴゾ島・カルタゴ（チュニス近郊）・クレタ島・アテネ等石造物調査、2001.7 〜 8

(055) 関山神社金銅菩薩立像調査、聖徳太子展（上野公園・東京都美術館）、2001.11.18

(056) 浦川原・吉川地区石仏石塔調査、新潟県東頸城郡浦川原村・中頸城郡吉川町（吉村博案内）、2002.4.28.

(057) 名立谷地区石仏石塔調査、新潟県西頸城郡名立町（吉村博案内）、2003.4.29.

(058) 大潟町地区石仏石塔調査、新潟県東頸城郡大潟町（吉村博案内）、2004.4.29

(059) 鞍馬寺系卍刻印石仏調査、新潟県東頸城郡浦川原村（金子彰案内）、2004.4.29

(060) 明日香村先史石造物・立石調査、奈良県明日香村（門田春雄案内）、2004.10.09 〜 11

(061) 上越市安塚地区石仏調査、新潟県上越市安塚区、2005.04.29

(062) 北条町・五百羅漢調査、兵庫県加西市北条町（門田春雄案内）、2005.10.08.

(063) 熊野神社・弥勒石仏調査、岐阜県郡上市美並町（門田春雄案内）、2005.10.09

(064) 湯田中温泉・弥勒石仏調査、長野県下高井郡山ノ内町（門田春雄案内）、2005.10.10

(065) 上越市三和地区石仏調査・講演、新潟県上越市三和区、2006.04.29

(066) 熊野磨崖仏調査、大分県豊後高田市大字平野（門田春雄案内）、2006.10.08

(067) 鍋山磨崖仏調査、大分県豊後高田市上野（門田春雄案内）、2006.10.08

(068) 大迫磨崖仏調査、大分県大野郡千歳村大迫（門田春雄案内）、2006.10.09

(069) 上越市吉川地区石仏調査、新潟県上越市吉川区（石塚伸司同行）、2007.04.29

(070) 上越市三和区井ノ口雨乞い儀礼調査（同市文化財指定記念模擬儀礼）、新潟県上越市三和区、2007.07.15

(071) 佐渡小木磨崖仏調査、新潟県佐渡市小木地区宿根木（門田春雄案内）、2007.10.07

（072）鋸山石仏群調査、千葉県鋸南町、2008.02.29

（073）上越市柿崎地区石仏調査、新潟県上越市柿崎区、2008.04.29

（074）上越市浦川原区五十公神社木造狛犬調査、上越市浦川原区、2008.05.03

（075）上越市浦川原区石造物悉皆調査（第1回）、新潟県上越市浦川原区（金子彰案内）、2008.06.07

（076）上越市浦川原区石造物悉皆調査（第2回）、新潟県上越市浦川原区（金子彰案内）、2008.07.31

（077）糸魚川市宮平剣神社木造狛犬調査、糸魚川市宮平、2008.08.15

（078）新羅時代石造物（石窟庵・仏国寺ほか）調査、韓国慶州（キョンジュ）市ほか、2008.08.25

（079）十日町市松苧神社木造狛犬調査、新潟県十日町市犬伏地区（高野恒男同行）、2008.09.28

（080）上越市浦川原区石造物悉皆調査（第3回）、新潟県上越市浦川原区（金子彰案内）、2008.10.05

（081）高田城瓦窯場跡調査（第1回）、新潟県上越市灰塚（吉川繁案内）、2008.10.18

（082）春日神社木彫狛犬調査、上越市本町2丁目（高野恒男同行）、2008.10.19

（083）上路山姥の里民俗調査、糸魚川市青海地区（高野恒男同行）、2008.10.25

（084）上越市浦川原区石造物悉皆調査（第4回）、新潟県上越市浦川原区（金子彰案内）、2008.11.06

（085）くびきの古民家調査、上越市清里区赤池（高野恒男同行）、2009.04.05

（086）大光寺石分布予備調査、上越市高田地区（高野恒男同行）、2009.06.14

（087）上越市灰塚（吉川繁氏宅）近辺に散在する高田城瓦窯跡の調査（吉川繁案内）、2009.09.02

（088）上越市板倉区上関田の六地蔵調査（高野恒男同行）、2009.09.20

（089）稲田3丁目中山宅の大光寺石水盤調査（高野恒男同行）、2009.09.20

（090）上越市今池の八幡神社境内の大光寺石石塔・水盤調査（高野恒男同行）、2009.09.20

（091）妙高市の観音平古墳見学（高野恒男同行）、2009.09.20

（092）上越市大和の釜蓋遺跡地見学（高野恒男同行）、2009.09.20

（093）上越市大字小瀧の薬師大神で西山寺石仏群の一体（首なし坐像）調査（吉川繁案内）、2009.09.21

（094）妙高市関山神社の石造文化財（岩屋・仏足石・石仏ほか）調査、2009.09.21

（095）切越石（井戸側、水盤、敷石、階段など）第1回調査、上越市安塚区切越（高野恒男同行）、2009.10.10

（096）切越石（井戸側、水盤、敷石、階段など）第2回調査、上越市安塚区切越（高野恒男同行）、2009.11.21

（097）大光寺石採掘場調査、新潟県上越市三和区（高野恒男同行）、2010.06.06

（098）中山石採掘場調査、新潟県上越市三和区（高野恒男同行）、2010.06.20

（099）切越石採掘場付近調査、新潟県上越市安塚区小黒および切越（高野恒男同行）、2010.07.07

（100）米沢藩が使用した地元特産の石材「高畠石」石造物調査、米沢市、2010.11.02

（101）佐原の街並調査、千葉県香取市佐原地区（高野恒男・関由有子同行）、2011.01.09-10

（102）莫越山神社調査、千葉県南房総市沓見・宮下（2か所）、2011.02.18

（103）吉川区大乗寺址鹿島神社ラントウ調査（高野恒男同行）、2011.06.24

（104）聖徳太子像調査、上越市寺町2～3丁目（常敬寺・浄興寺・真宗寺・光学寺）2011.10.10

（105）糸魚川市の勝山城址に調査登山（標高328メートル）かつて、豊臣秀吉と上杉景勝が会見したとされる名城（吉村雅夫同行）。2012.04.30

（106）ウィリアム・メレル・ヴォーリズ（1881～1964）の設計、1938年築の高田降臨教会聖堂及び会館（上越市西城町）調査（高野恒男同行）、2012.05.11

（107）上越市の桑取地区(西横山)でサイの神石祠および山の神石祠を調査（高野恒男同行）、2012.06.10

（108）上越市飯の十一面千手観音像（宝陀羅神社観音堂）調査。檜の寄木造り、他所から伝来したものと判断。2012.08.10

（109）上越市牧区の大塚敬美氏宅を訪問し、天然ガス仕様に関する調査（高野恒男同行）、2012.11.11

（110）埼玉県所沢市西新井町の熊野神社で、蛇そっくり注連縄調査、2012.12.28

（111）靖国神社・弥生慰霊堂石造狛犬（東京都千代田区九段北）調査、2013.02.09

（112）古代日韓文化交流調査1（ソウルおよび近郊スウォン地域）、2013.02.25-28

（113）埼玉県志木市の敷島神社ほかでの石造物調査、2013.03.24

（114）上越市の八坂神社で宝珠を載せる神輿調査（高野恒男同行）、2013.05.10

（115）米イリノイ州シカゴ市のシカゴ河・ミシガン湖畔の見学調査、2013.08.28

（116）米ニューヨーク州・カナダ・オンタリオ州境ナイアガラ滝の見学調査

2013.08.29

（117）埼玉県川越市の喜多院で、天衣をまとった如意輪観音ほかを調査、2014.04.06

（118）さいたま市南区石仏見学・調査、2014.05.18

（119）糸魚川市北口駅前雁木通り調査（高野恒男同行）。2014.09.02

（120）埼玉県戸田市で石仏見学・調査、2014.11.30

（121）古代日韓文化交流調査2（旧新羅地域）、2015.02.22-25

（122）埼玉県熊谷市で石仏見学・調査、2015.03.15

（123）上越市の金谷山幕末明治史跡（官軍・高田藩・会津藩墓地）見学（村山和夫案内）、
2015.05.10

（124）上越市板倉区方面(普泉寺 大日如来像、中村十作記念館、飴地蔵尊、ゑしんの里)
見学、2015.05.31

（125）上越市近郊の瞽女関連施設・地域見学、2015.06.14

（126）古代日韓文化交流調査3（旧百済地域）、2016.02.22-27

（127）埼玉県富士見市・ふじみ野市で石仏見学・調査、2016.04.09

（128）糸魚川市能生の備後尾道石（花崗岩石造物）調査（高野恒男同行）、2016.06.26

（129）上越市柿崎区平沢・光宗寺五輪塔群見学・調査（高野恒男同行）、2016.11.12

（130）埼玉県東松山市の坂東十番霊場厳殿山正法寺（真言宗智山派）で岩窟および石
仏群を見学、2016.12.27

（131）古代日韓文化交流調査4（旧伽耶地域、光州、木浦）、2017.02.20-24

（132）秩父札所20〜25番およびその周辺見学・調査、2017.05.03-04

（133）保渡田古墳群（高崎市）調査・見学（石塚伸司・石塚勉同行）、2017.05.20

（134）八丁鎧塚古墳群（須坂市）・大室古墳群（長野市）見学・調査、2017.05.26

（135）久伊豆神社（越谷市越谷）の足元縛られ狛犬、天嶽寺（同）の裏返し六字名号
塔調査、2017.07.17

（136）日前神社（上越市名立区名立小泊、祭神：天鏡尊）見学・調査（高野恒男同行）、
2017.11.26

（137）機雷爆発事件供養塔（上越市名立区名立小泊）に彫られた盃状穴調査、
2017.11.26

（138）埼玉県毛呂山町の勝軍地蔵・盃状穴ほか調査、2018.03.11

（139）埼玉県富士見市の水光山大應寺・水宮神社ほか神仏混淆事例調査、2018.04.08

（140）婆相天資料・山岡神霊位（上越市寺町3、妙国寺）見学・調査、2018.04.13

（141）乳母嶽神社・諏訪社（上越市茶屋ケ原）見学・調査（高野恒男同行）、

2018.04.14

（142）埼玉県さいたま市の氷川神社・調神社の茅輪くぐり神事見学、2019.06.30

（143）天崇寺境内の笏谷石調査、上越市寺町2丁目（高野恒男同行）、2019.07.14

（144）上越市仲町6丁目の稲荷神社「銀婚式」（大正天皇成婚25年）鳥居調査、
2020.08.08-09

（145）上越市儀明川沿い土橋付近の河岸・土手調査―舟運との関係―、2020.10.09-10

（146）高安寺芭蕉石碑「薬欄にいづれの花を草枕」（上越市寺町3丁目）調査（佐藤秀
定同行）、2022.05.15, 07.09

（147）三和区藤塚山での藤塚山塚列調査、2023.05.14

（148）コッホ北里神社調査、北里大学メディカルセンター（埼玉県北本市）、
2023.11.29

（149）防寒具を着せてもらっているお地蔵さん調査、さいたま市荒川沿い（秋ヶ瀬公
園テニスコート脇、鎌倉古道支道）、2024.04.04.

（150）手賀沼（我孫子市）から香取神宮までの文化調査（相場千春・西兼司・若生の
り子同行）、2024.11.28.

著者略歴

石塚正英（いしづか・まさひで）

1949 年、新潟県上越市（旧高田市）に生まれる。
立正大学大学院文学研究科史学専攻課程博士、哲学専攻論文博士（文学）。
1982 年〜 2020 年、立正大学、専修大学、明治大学、中央大学、東京電機大学
（専任）歴任。
2020 年以降、東京電機大学名誉教授。
2008 年〜 2024 年、NPO 法人頸城野郷土資料室（新潟県知事認証）理事長。
NPO 関係主要著作（すべて上越市立図書館所蔵）：
『くびき野文化事典』共編著、頸城野郷土資料室編、社会評論社、2010 年。
『「裏日本」文化ルネッサンス』共編著、頸城野郷土資料室編、社会評論社、2011 年。
『地域文化の沃土 頸城野往還』社会評論社、2018 年。
『越後・久比岐を経由する古代文化交流誌』頸城野郷土資料室、2021 年。
『大工職人の雁木通り史』（第 3 版）、頸城野郷土資料室、2022 年。
『〔アンソロジー〕頸城平の緑を越えて』頸城野郷土資料室、2024 年。
『〔郷土文化選定事業〕くびき野ヘリテージ』頸城野郷土資料室、2024 年。
『雁木町家の平成令和郷土愛―ますや de お話し会 2008-2024 の記録』頸城野郷
土資料室、2024 年。

裏日本に燦然と輝く古代文化交流　　＜ヌース教養双書＞

2025 年 4 月 3 日　初版発行

著　者　石塚正英

発行者　宮本明浩

発行所　株式会社ヌース出版

　　（本　社）　東京都港区南青山 2 丁目 2 番 1 5 号　ウィン青山 942

　　　　　　　電話　03-6403-9781　　URL　http://www.nu-su.com

　　（編集部）　山口県岩国市横山 2 丁目 2 番 1 6 号

　　　　　　　電話　0827-35-4012　　FAX　0827-35-4013

DTP 制作　フォルトゥーナ書房

　　　　広島県広島市中区大手町 1 丁目 1 番 2 0 号　相生橋ビル 7 階 A 号室

　　　　Ｅメール　logosdonmiyamoto@outlook.jp

©2025 Masahide Ishizuka

ISBN978-4-902462-34-0